CLASSIQUES LAROUSSE

Collection fondée en 1933 par FÉLIX GUIRAND
continuée par
LÉON LEJEALLE (1949 à 1968) et JEAN-POL CAPUT (1969 à 1972)
Agrégés des Lettres

APOLLINAIRE

ALCOOLS

choix de poèmes

avec une Notice biographique, une Notice historique et littéraire,
un Lexique, des Notes explicatives, une Documentation thématique,
des Jugements, un Questionnaire et des Sujets de devoirs,

par

ROGER LEFÈVRE

Agrégé de l'Université
Assistant à la faculté des Lettres
et Sciences humaines de Caen

LIBRAIRIE LAROUSSE

17, rue du Montparnasse, 75298 PARIS

RÉSUMÉ CHRONOLOGIQUE
DE LA VIE DE GUILLAUME APOLLINAIRE
1880-1918

1880 — Mlle de Kostrowitzky, née d'un père polonais et d'une mère italienne, donne **naissance à Rome**, le 26 août, à un fils naturel qu'elle prénomme **Guillaume Apollinaire**. Le père est Francesco Flugi d'Aspermont, ancien officier dans l'armée du royaume des Deux-Siciles. L'enfant est reconnu par sa mère le 2 novembre.

1882 — Naissance à Rome (18 juin) d'Albert, frère de Guillaume, déclaré de parents inconnus. Sa mère le reconnaîtra quelques années plus tard.

1885 — Francesco d'Aspermont, cédant à la pression de sa famille, abandonne Mlle de Kostrowitzky; cette dernière quitte Rome, voyage en Europe, laissant ses enfants en Italie le plus souvent.

1887 — Apollinaire séjourne à Monaco avec sa mère et son frère.

1889-1897 — Études de Guillaume Apollinaire à Monaco, au collège Saint-Charles, jusqu'en 1895; puis à Cannes, au collège Stanislas, à la rentrée de 1896; enfin, au lycée de Nice, où il termine ses études secondaires.

1899 — **Installation à Paris** (avril). Mlle de Kostrowitzky fait la connaissance de Jules Weil, avec qui elle restera liée assez longtemps. Guillaume et son frère passent leurs **vacances en Belgique**, à **Stavelot**, près de Spa (juillet-5 octobre). Le poète restera profondément marqué par les paysages de cette région : Marie.

1900 — Guillaume cherche à gagner sa vie (« nègre » d'un feuilletoniste, secrétaire, entre autres), sans y parvenir convenablement.

1901 — Poèmes d'amour à Linda.

1901 (août)-1902 (août). — **Séjour en Rhénanie**, comme précepteur de la fille de Mme de Milhau. En septembre 1901 paraissent ses premiers poèmes imprimés, au nombre de trois, dans *la Grande France*. Au début de 1902, il entreprend un **grand voyage** : Munich, Berlin, Dresde, Prague, Vienne, Nuremberg, Stuttgart, Coblence. — Il éprouve un violent **amour pour une jeune Anglaise, Annie Playden**, gouvernante chez Mme de Milhau. Sa cour, pressante et brutale, effarouche la jeune fille. — Publication dans diverses revues de poèmes et de contes, dont on retrouvera certains dans *l'Hérésiarque et Cie*; composition des poèmes qui constitueront les **Rhénanes**.

***

1903 — Modeste emploi dans une banque. Soirées littéraires de *la Plume*. Il y **rencontre Jarry**, Salmon. — En septembre, il va à Londres pour tenter de fléchir Annie (échec). — En novembre, il fonde une revue : *le Festin d'Ésope* (9 numéros).

1904 — Il fait la **connaissance de Derain, Vlaminck**. Il publie, dans sa revue, *l'Enchanteur pourrissant*. Après la faillite de la banque qui l'employait, il devient rédacteur d'une publication financière. — En mai, il retourne à Londres, et Annie, pour se délivrer de lui, décide de partir pour l'Amérique. — Première collaboration au *Mercure de France*.

La publication du présent ouvrage a été autorisée par la librairie Gallimard.
Copyright by Gallimard 1920.

ISBN 2-03-870002-8

1905-1906 — Il fait la **connaissance de Picasso et de Max Jacob,** fréquente Montmartre et le Bateau-Lavoir. — Vacances en Hollande. La *Revue immoraliste* (2 numéros). Collaboration à *Vers et prose.*

1907 — Il quitte le domicile maternel pour s'installer rue Henner. Il se livre à diverses besognes de plume pour gagner (assez mal) sa vie. Il conduit Braque chez Picasso.

1908 — **Picasso** lui a **fait connaître Marie Laurencin :** amour partagé. Il s'occupe de critique d'art et défend les jeunes peintres. **Le Douanier Rousseau fait son portrait.** Il collabore à la revue de Royère, *la Phalange.* — Édition à tirage restreint de *l'Enchanteur pourrissant,* illustré de bois de Derain (novembre).

1909 — « **La Chanson du Mal-Aimé** » (publication). Il va habiter Auteuil. Il publie, dans *les Marges,* des chroniques sur la littérature féminine, sous le pseudonyme de « Louise Lalanne ». Il commence une longue collaboration à une entreprise de publication de textes libertins.

1910 — Il tient la chronique artistique de *l'Intransigeant* et publie un recueil de contes, *l'Hérésiarque et Cⁱᵉ,* qui recueille trois voix pour le prix Goncourt.

1911 — *Le Bestiaire ou Cortège d'Orphée,* **illustré par Dufy.** Sous le pseudonyme de « Montade », il commence sa rubrique *la Vie anecdotique* au *Mercure de France.* — En septembre, il est emprisonné quelques jours à la Santé sous l'inculpation de complicité dans un vol de statuettes au Louvre. — Il se montre un défenseur de plus en plus actif de la peinture moderne.

1912 — Il collabore à divers journaux et revues et fonde avec André Billy une revue mensuelle : *les Soirées de Paris,* dans laquelle paraît « le Pont Mirabeau ». — Il souffre de sa rupture avec Marie Laurencin et s'installe boulevard Saint-Germain.

1913 — *Les Peintres cubistes, méditations esthétiques* (mars), en avril *Alcools,* en juin un manifeste : *l'Antitradition futuriste.*

1914 — En juin, premier poème calligrammatique : « Lettre-Océan ». Devant l'avance allemande, il rejoint des amis à Nice, où il s'éprend de Lou, qu'il courtise en vain. Il s'engage à Nîmes pour la durée de la guerre dans l'artillerie (décembre). Lou le rejoint à Nîmes pour une brève liaison.

1915 — En avril, il **part pour le front** et correspond avec Lou et avec Madeleine Pagès, qu'il a rencontrée dans un train de Nice à Marseille et qui vit à Oran ; c'est par lettre qu'il se fiance avec elle en août. En novembre, il passe dans l'infanterie et devient sous-lieutenant. Permission de détente à Oran. — Malgré sa présence au front, il écrit de nombreux poèmes, dont certains paraissent sur plaquette polycopiée.

1916 — Le 17 mars, il est **blessé** à la tempe par un éclat d'obus. Après divers soins, il est **trépané** le 9 mai. — Publication du *Poète assassiné.* La tête bandée, il reparaît dans les cafés de Montparnasse.

1917 — Détaché à la Censure, il vit à Paris, collabore aux revues poétiques les plus hardies (*Nord-Sud, 391, Sic*). — Il publie *Vitam impendere amori,* fait jouer *les Mamelles de Tirésias,* prononce une **conférence sur l'Esprit nouveau.**

1918 — Il publie *Calligrammes.* — Le 2 mai, il se marie à Saint-Thomas-d'Aquin avec Jacqueline Kolb. — Il fait répéter une nouvelle pièce *Couleur du temps ;* prépare un opéra bouffe, *Casanova.* — En novembre, il est atteint par l'**épidémie de grippe** espagnole et **meurt le 9 novembre à Paris.** Ses obsèques ont lieu le 13 novembre.

Apollinaire avait douze ans de moins que Claudel ; onze ans de moins que Gide ; neuf ans de moins que Valéry et Proust ; sept ans de moins que Péguy et Jarry ; quatre ans de moins que Max Jacob ; un an de plus que Picasso ; deux ans de plus que Giraudoux ; cinq ans de plus que Jules Romains ; sept ans de plus que Cendrars ; neuf ans de plus que Cocteau ; quinze ans de plus qu'Eluard ; seize ans de plus que Breton ; dix-sept ans de plus qu'Aragon ; vingt ans de plus que Prévert et Desnos.

GUILLAUME APOLLINAIRE ET SON TEMPS

	la vie et l'œuvre de Guillaume Apollinaire	le mouvement intellectuel et artistique	les événements historiques
1880	Naissance, à Rome, de Guillaume Apollinaire (26 août).	A. Daudet : *Numa Roumestan*. G. de Maupassant : *Boule de suif*. — Rodin : *le Penseur*. Renoir : *De la loge*. Eberth découvre le bacille de la typhoïde.	Jules Ferry, président du Conseil (septembre). Enseignement primaire obligatoire. Fondation de la Compagnie du canal de Panama.
1899	Séjour à Stavelot, près de Spa, en Belgique.	É. Zola : *Fécondité*. A. Jarry : *l'Amour absolu*. — Le nabisme : Vuillard : *le Déjeuner du matin*. Bonnard : *Salle à manger*. — Ravel : *Pavane pour une infante défunte*. — H. Poincaré : *la Théorie de Maxwell et les oscillations hertziennes*.	Mort de Félix Faure, élection de Loubet (février). Constitution du Cabinet Waldeck-Rousseau (juin); second procès Dreyfus. Le courant électrique distribué aux particuliers.
1901	Séjour en Rhénanie, chez Mme de Milhau. Début de son amour pour Annie Playden.	Kipling : Kim. B. Shaw : *Trois Pièces pour les puritains*. S. Freud : *Psychopathologie de la vie quotidienne*. Th. Mann: les *Buddenbrooks*. — Ravel : *Jeux d'eau*.	Reconnaissance du droit complet d'association en France (juillet), dont les congrégations sont exclues. Édouard VII succède à Victoria.
1902	Voyage à travers l'Europe centrale. Publication de quelques textes qui figureront en 1910 dans *l'Hérésiarque*.	H. de Régnier : *la Cité des eaux*. A. Gide : *l'Immoraliste*. P. Bourget : *l'Étape*. — Cl. Monet : *Vues de Vétheuil*. — Debussy : *Pelléas et Mélisande*. — Études de Rutherford sur la radio-activité. H. Poincaré : *Science et hypothèse*.	Retraite de Waldeck-Rousseau, remplacé par E. Combes (juin). Achèvement du Transsibérien. Renouvellement de la Triplice (juin). Création du secrétariat syndical international.
1904	Échec définitif auprès d'Annie. Publication en revue de *l'Enchanteur pourrissant*.	Colette : *Dialogues de bêtes*. Picasso passe de l'époque bleue à l'époque rose. Le fauvisme : Derain, Vlaminck, Matisse, Braque.	En France : loi interdisant l'enseignement à toutes les congrégations. Entente cordiale France-Angleterre. Loi militaire des « deux ans ». Début de la guerre russo-japonaise.
1907	Installation rue Henner, premier domicile personnel. Rencontre de Marie Laurencin.	H. Bergson : *l'Évolution créatrice*. Début de l'époque cubiste de Braque, Picasso. — A. Lumière invente la photographie en couleurs.	Caillaux propose l'établissement de l'impôt sur le revenu. Révolte des vignerons du Midi. Formation de la Triple-Entente.

		A. Gide : la Porte étroite. — Marinetti : manifeste futuriste. Diaghilev : les Ballets russes. — Le groupe du Bateau-Lavoir.	En France : grève des postiers (...). Briand succède à Clemenceau (juillet). Accord franco-allemand sur le Maroc (février).
1909	Publication de « la Chanson du Mal-Aimé ».		
1911	Le Bestiaire ou Cortège d'Orphée, illustré par Dufy.	P. Claudel : l'Otage. Saint-John Perse : Éloges. — Schönberg : le dodécaphonisme. Debussy : le Martyre de saint Sébastien. — Maillol : Flore.	« Coup d'Agadir » (juillet) ; règlement de la question marocaine (novembre). Guerre italo-turque : annexion de la Tripolitaine. Révolution républicaine en Chine.
1913	Les peintres cubistes, méditations esthétiques (mars); Alcools (avril). L'Antitradition futuriste, manifeste (juin).	M. Proust : A la recherche du temps perdu (1). Ch. Péguy : la Tapisserie de Notre-Dame. B. Cendrars : la Prose du transsibérien. — Le cubisme devient synthétique. L'orphisme : Delaunay, Picabia. — J. Copeau au théâtre du Vieux-Colombier. — Stravinski : le Sacre du printemps. — Théorie de l'orbite atomique de Bohr.	Poincaré, président (janvier) ; loi des « trois ans » (août). Guerre dans les Balkans. Incidents franco-allemands en Lorraine (avril) et incident de Saverne (décembre). Wilson, président des États-Unis (mars).
1914	Apollinaire s'engage dans l'artillerie. Brève liaison, à Nîmes, avec Lou.	P. Claudel : Cantate à trois voix. A. Gide : les Caves du Vatican. M. De Falla : la Vie brève. — Bourdelle : le Centaure mourant.	Élections contre la « folie des armements » (avril-mai). Assassinat de Jaurès (juillet). Assassinat de l'archiduc François-Ferdinand à Sarajevo (28 juin). Déclenchement de la Première Guerre mondiale (août).
1916	Apollinaire est blessé et trépané. Publication du Poète assassiné.	H. Barbusse : le Feu. J. Cocteau : Poésies. S. Freud : Introduction à la psychanalyse.	Bataille de Verdun. Généralisation du conflit en Europe. Entrée en guerre de la Roumanie (août).
1917	Vitam impendere amori (poèmes). Les Mamelles de Tirésias, drame surréaliste. Conférence sur l'Esprit nouveau.	P. Valéry : la Jeune Parque. G. Duhamel : Vie des martyrs. Max Jacob : le Cornet à dés. L. Pirandello : Chacun sa vérité.	Déclaration de guerre des États-Unis à l'Allemagne (avril). En France, ministère Clemenceau (novembre). Révolution en Russie.
1918	Calligrammes. Mariage avec Jacqueline Kolb (mai). Mort le 9 novembre à Paris.	P. Claudel : le Pain dur. J. Giraudoux Simon le Pathétique. R. Rolland : Colas Breugnon. Tristan Tzara : Manifeste dada. Ozenfant et Le Corbusier : Après le cubisme.	Foch, généralissime allié (mars). Armistice de Rethondes (11 novembre). Les « quatorze points » de Wilson (janvier) sont finalement acceptés par l'Allemagne (octobre).

BIBLIOGRAPHIE

I. PRINCIPALES ŒUVRES DE GUILLAUME APOLLINAIRE

L'ensemble des œuvres de Guillaume Apollinaire a été, à quelques exceptions près, réuni et publié par la librairie Gallimard, qui a donné une édition de ses poèmes dans la collection de La Pléiade, présentée par M. Adéma, M. Décaudin, A. Billy (1956).

Œuvres publiées du vivant de l'auteur :

POÉSIE

Le Bestiaire ou Cortège d'Orphée, 1911.
Alcools, 1913.
Vitam impendere amori, 1917.
Calligrammes, 1918.

THÉÂTRE

Les Mamelles de Tirésias, 1918.

CONTES

L'Enchanteur pourrissant, 1909.
L'Hérésiarque et Cⁱᵉ, 1910.
Le Poète assassiné, 1916.

ESSAIS, LETTRES ET CHRONIQUES

Méditations esthétiques. Les Peintres cubistes (Paris, Eugène Figuière, 1913).
Le Flâneur des deux rives, 1918.

Œuvres posthumes :

POÉSIE

Il y a [comporte aussi des proses] (Paris, Messein, 1925).
Le Guetteur mélancolique, 1952.
Poèmes à Lou (anciennement Ombre de mon amour, 1947), 1955.

THÉÂTRE

Couleur du temps, 1949.
Casanova, 1952.

CONTES

La Femme assise, 1920.

LA COLOMBE POIGNARDÉE
ET LE JET D'EAU

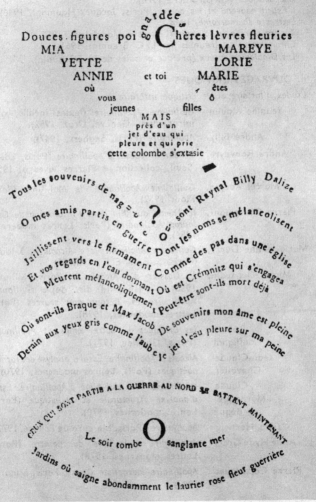

Phot. Larousse.

UNE PAGE DE *CALLIGRAMMES*. Ed. Mermod (1953).

ESSAIS, LETTRES ET CHRONIQUES

Anecdotiques (Paris, Stock, 1926).
L'Esprit nouveau et les poètes (Paris, Jacques Haumont, 1946).
Lettres à sa marraine, 1948.
Tendre comme le souvenir (Lettres à Madeleine), 1952.
Chroniques d'art (réunies par L. C. Breunig), 1961.
Les Diables amoureux (préface et notes de M. Décaudin).

II. OUVRAGES CRITIQUES

Études d'histoire et de critique littéraire :

Jeanine Moulin,	*Guillaume Apollinaire* (textes inédits, avec introduction, Genève, Droz, 1952).
André Billy,	*Apollinaire* (Paris, Seghers, 1947).
André Rouveyre,	*Amour et poésie d'Apollinaire* (Paris, Ed. du Seuil, collection « Pierres vives », 1955).
Marcel Adéma,	*Guillaume Apollinaire, le Mal-Aimé* (Paris, Plon, 1952).
Pierre Orecchioni,	*le Thème du Rhin dans l'inspiration de Guillaume Apollinaire* (Paris, Lettres modernes, 1956).
Marie-Jeanne Durry,	*Guillaume Apollinaire : « Alcools »,* 3 tomes (Paris, S. E. D. E. S., 1956-65).
Michel Décaudin,	*le Dossier d'« Alcools »* (Paris, Minard, 1960). — (sous la dir. de) : *Guillaume Apollinaire 14. Retour aux sources* (Paris, Lettres modernes, 1978).
Robert Couffignal	*les Critiques de notre temps et Apollinaire* (Paris, Garnier, 1971).
Jean-Claude Chevalier	*Alcools d'Apollinaire. Essai d'analyse des formes poétiques* (Paris, Lettres modernes, 1970).
Claude Morhange-Bégué	*la Chanson du Mal-Aimé d'Apollinaire. Essai d'analyse structurale et stylistique* (Paris, Lettres modernes, 1970).
Julia Hartwig	*Apollinaire* (Paris, Mercure de France, 1972).
Anne Hyde Greet	*Apollinaire et le livre du peintre* (Paris, Lettres modernes, 1978).
Pierre Caizergues	*Apollinaire journaliste* (thèse, Paris, Minard, 1983).

APOLLINAIRE

Nous avons sur la personnalité d'Apollinaire de nombreux documents : sa mort prématurée a poussé ses amis à rappeler publiquement leurs souvenirs, et pendant longtemps les ouvrages publiés sur Apollinaire parlèrent plus de l'homme que de l'œuvre.

Sa personnalité apparaît complexe et diverse. Léautaud le dit « homme à l'âme multiple, flottante, vagabonde ». Même son écriture est à ce point changeante qu'il dut déposer à la banque cinq exemplaires divers de sa signature. Cette complexité s'explique peut-être, au moins en partie, par son ascendance à la fois slave et italienne et par les expériences qui l'ont formé : après une enfance méditerranéenne, il connut l'attrait nordique de l'Ardenne, puis le charme rhénan, avant de devenir le plus parisien des poètes. Cosmopolite, polyglotte, d'une curiosité inlassable qui l'ouvrait à tout ce que la vie lui présentait : pays, êtres, livres, en particulier à tout ce qui est inattendu, en marge, insolite, ce « flâneur des deux rives » aimait fureter. Très jeune, il lisait beaucoup et acquit très vite une vaste érudition, ni systématique ni profonde, mais chatoyante. Intelligence souple, il possédait un don de mimétisme. Son appétit de nouveauté le lançait à la poursuite de l'aventure.

Dans cette ardeur, il puisa la joie de vivre. Non que la vie lui fût toujours matériellement facile : à vingt ans, cherchant à gagner sa vie par des besognes diverses, il se trouva « mêlé », dit-il, « à la plèbe des meurt-de-faim »; toujours, dans son activité intellectuelle, il devra laisser une grande place aux tâches alimentaires. Mais ces difficultés ne l'assombrirent point : doué d'une excellente santé physique et morale, il avait un appétit de vie qui s'épanouissait dans l'existence ardente de la bohème intellectuelle et artiste de Montmartre et de Montparnasse. Il y fut véritablement chez lui. Par sa gentillesse, sa gaieté, sa fantaisie, son goût de la mystification, la richesse inventive de son esprit, l'originalité de ses talents culinaires et sa conversation éblouissante, il exerça sur ses compagnons une profonde séduction, qui lui valut autour de lui « des amis en toute saison, sans lesquels, dit-il, je ne peux pas vivre ».

Mais si son besoin d'amitié fut ainsi satisfait, il n'en alla pas de même pour les autres dimensions de sa vie affective. Malgré un amour mutuel, ses relations avec sa mère furent souvent pénibles, car ces deux êtres se comprenaient mal. Puissamment attiré par les femmes par ardeur érotique comme par soif sentimentale, il vécut des expériences nombreuses : certaines, Mareye, Linda, Annie, ne furent guère que malheureuses; d'autres lui apportèrent du bonheur certes, mais aussi de la douleur. Ses fiançailles échouèrent et la mort ne suivit son mariage que de quelques mois. Peu importe que dans ces échecs la responsabilité principale revienne souvent, semble-t-il, à Apollinaire lui-même, qui, à en croire divers témoignages, se montrait non seulement maladroit, mais dominateur et brutal, peu fidèle et jaloux : ce « mal-aimé », qui fut peut-être avant tout un « mal-aimant », n'en a pas moins connu une souffrance vive qui renforça un sentiment de solitude éprouvé dès sa jeunesse et une certaine gravité qui perçait parfois sous son entrain. Cette souffrance, il la porta souvent secrètement : aucun de ses amis, au cours de l'année 1903 et des années suivantes, ne perçut, semble-t-il, la blessure laissée par la « trahison » d'Annie, sans que l'on puisse pour autant nier cette blessure ni non plus considérer comme factice sa gaieté. Quant au départ de Marie, il plongea Apollinaire dans un état d'abattement qui dura longtemps; mais il y avait en lui, comme le souligne Rouveyre, trop d'équilibre foncier pour qu'il songeât à un suicide. Il sut, au contraire, faire de cette souffrance une des sources de sa poésie.

La question religieuse ne joua pas un très grand rôle dans la vie d'Apollinaire. Au sortir d'une enfance et d'une adolescence marquées par une piété vive et italienne, il perdit la foi. Il en eut la nostalgie à certains moments, assez rares, et on ne peut parler à ce sujet de recherche inquiète. Si l'on veut connaître les convictions profondes qui l'orientèrent, il faut les chercher sans doute dans sa confiance en la vie et en l'homme, dans sa foi en une évolution dont le poète est l'aile marchante. Son activité au sein du mouvement artistique apparaît donc aux yeux d'Apollinaire comme son activité essentielle.

ALCOOLS
1913

NOTICE

CE QUI SE PASSAIT EN 1913

■ *EN POLITIQUE.* En France : *La période des grèves à tendance insurrectionnelle est terminée. Un courant nationaliste se développe. Poincaré est élu, en janvier, président de la République grâce à l'appui de la droite. Briand le remplace à la présidence du Conseil, mais est renversé en mars en voulant instaurer la représentation proportionnelle. Le gouvernement Barthou s'oriente encore plus nettement vers la droite. L'impôt sur le revenu est encore ajourné, et le service militaire est porté à trois ans, malgré l'opposition des socialistes et des radicaux-socialistes.*

À l'étranger : *La tension internationale s'accroît, les deux blocs se durcissent : la Russie s'est relevée de la défaite infligée par le Japon; l'Allemagne pense donc que le temps travaille contre ses ambitions; l'Angleterre s'inquiète de la puissance économique de l'Allemagne; elle accepte des conversations d'état-major avec la France, qui poursuit la pénétration au Maroc et songe à recouvrer l'Alsace-Lorraine. La deuxième guerre balkanique se termine par la défaite de la Bulgarie et n'efface pas celle de la Turquie, puissances amies de la Triplice; l'hostilité de l'Autriche-Hongrie envers la Serbie en est accrue.*

■ *EN PHILOSOPHIE ET DANS LES SCIENCES HUMAINES :* Sigmund Freud, Totem et Tabou. — Edmund Husserl, Philosophie phénoménologique. — Maritain, la Philosophie bergsonienne. — Watson, Psychologie du comportement. — Karl Jaspers, Psychopathologie générale.

■ *DANS LES SCIENCES ET DANS LES TECHNIQUES :* Bohr, les Orbites privilégiées. — De Broglie, Spectres des rayons X. — Haber et Bosch, Synthèse industrielle de l'ammoniac.

■ *EN LITTÉRATURE.* Romans : Maurice Barrès, la Colline inspirée. — Ernest Psichari, l'Appel des armes. — Alain-Fournier, le Grand Meaulnes. — Roger Martin du Gard, Jean Barois. — Jules Romains, les Copains. — Marcel Proust, Du côté de chez Swann.

Théâtre : Jacques Copeau fonde le Vieux-Colombier. — Caillavet et de Flers, l'Habit vert.

Poésie : Anna de Noailles, les Vivants et les Morts. — Charles Péguy, la Tapisserie de Notre-Dame; Eve. — Valery Larbaud, Barnabooth. — Blaise Cendrars, la Prose du Transsibérien. — Arcos, l'Ile perdue. — Jules Romains, Odes et prières. — Francis Carco, Chansons aigres douces.

■ *DANS LES ARTS.* Architecture : *Perret*, le Théâtre des Champs-Élysées.

Peinture : *Dans l'œuvre de Picasso, de Juan Gris (bientôt de Braque), le cubisme*[1], d'analytique, devient synthétique.* — *Apparition de l'orphisme* : Delaunay, Picabia, Kupka.* — *Fernand Léger aboutit à l'abstraction.* — *« Premier livre simultané »* : *Blaise Cendrars et Sonia Teck Delaunay*, la Prose du Transsibérien.

Cinéma : *Max Linder*, Max et l'inauguration de la statue. — *Georges Méliès*, le Chevalier des neiges.

Musique : *Gabriel Fauré*, Pénélope. — *Albert Roussel*, le Festin de l'araignée. — *Claude Debussy*, Jeux. — *Maurice Ravel*, Trois Poèmes de Stéphane Mallarmé. — *Igor Stravinski*, le Sacre du Printemps.

APOLLINAIRE ANIMATEUR DE L' « ESPRIT NOUVEAU »

Ami des poètes et des peintres, fidèle des cafés de Montmartre et de Montparnasse, collaborateur ou directeur de nombreuses revues, journaliste et parfois conférencier, poète, conteur et critique d'art, Apollinaire peut apparaître comme le promoteur de cette avant-garde qui a brillamment marqué en France les premières années du XXᵉ siècle et à laquelle il a lui-même donné le nom d' « Esprit nouveau ».

Il faut en fait se garder d'exagérer dans ce sens : Apollinaire n'a pas tout inventé de la poésie et de l'art nouveaux. Ce n'est pas lui faire injure que de le reconnaître : le fauvisme*, le cubisme* sont des mouvements picturaux auxquels un littérateur ne pouvait donner naissance. C'est Jarry qui a « découvert » le Douanier Rousseau, c'est Vlaminck — ou peut-être Matisse — qui, le premier, a collectionné les sculptures nègres. Même pour ce qui est des nouvelles tendances poétiques du début du siècle, on ne peut en attribuer toujours la paternité à Apollinaire : l'unanimisme* ne lui est guère redevable; le cosmopolitisme, la fantaisie ont trouvé chez Cendrars, Larbaud, Max Jacob, des expressions plus significatives que chez Apollinaire; et n'est-ce pas à Barzun que le dramatisme* doit le jour? Les manifestes de Marinetti précèdent l'*Antitradition futuriste* (qui, par son exagération agressive et son pêle-mêle voulu, semble du reste une parodie, précédant des réserves explicites). Faire d'Apollinaire le promoteur de l'Esprit nouveau serait donc être victime d'une illusion que sa mort prématurée n'a pu que favoriser, en amenant à dresser le bilan de son activité bien avant qu'il fût question de le faire pour ses compagnons.

Mais il ne faudrait pas non plus exagérer en sens inverse : grâce à sa souplesse d'esprit, qui le garde de tout système, à son universelle curiosité, à son inlassable appétit de nouveau, peut-être aussi

---

1. Pour les termes marqués d'un astérisque, voir le Lexique p. 23-24.

à son désir de ne pas se laisser distancer, Apollinaire a adopté les tendances dont il n'avait pas été l'inventeur; les fondant et les assimilant à sa personnalité, il en fit une riche synthèse non point tant théorique que vécue. Aussi, tout en conservant son originalité, il s'est montré, de beaucoup, le plus représentatif des artistes de ces années d'effervescence. Mais son rôle ne fut pas de simple représentation : il a encouragé les recherches, les tentatives audacieuses; à une époque où l'immense majorité du public et de la presse ne ménageait pas les sarcasmes aux peintres nouveaux, il les a défendus et a contribué à les faire comprendre. Dira-t-on avec malveillance qu'il a loué systématiquement, et, pour ainsi dire, les yeux fermés, tout ce qui était nouveau ? Il suffirait de lire ses chroniques d'art pour constater à la fois la libre sincérité de ses jugements et la pénétration infaillible qui, dans la foule des artistes contemporains, lui a fait le premier distinguer des maîtres aujourd'hui incontestés comme Picasso, Braque et Matisse. Cet esprit d'avant-garde, il ne l'a pas seulement défendu, il l'a incarné d'abord en vivant intensément cette recherche « de vastes et d'étranges domaines »; ensuite, en publiant des recueils qui sont les chefs-d'œuvre poétiques de cet Esprit nouveau, dont Apollinaire apparaît finalement sinon comme le promoteur, du moins comme le principal représentant et le plus grand animateur. Sans doute le surréalisme* ira-t-il plus loin, mais c'est André Breton qui rendit cet hommage à Apollinaire : « celui que de mes yeux j'ai vu incarner au plus haut degré l'aventure intellectuelle ».

GENÈSE ET PUBLICATION D'*ALCOOLS*

Mise à part une mince plaquette, *le Bestiaire ou Cortège d'Orphée*, tirée en 1911 à 120 exemplaires avec des bois gravés de Raoul Dufy, *Alcools* est le premier recueil de vers d'Apollinaire. Il groupe des poèmes écrits de 1898 à 1913 et, pour la presque totalité déjà, publiés dans des revues. Dès janvier 1904, il avait eu l'intention de rassembler ses poèmes d'Allemagne, alors inédits pour la plupart, en une plaquette, *Vent du Rhin*, qu'il songea bientôt à faire suivre de « la Chanson du Mal-Aimé ». Mais ce projet n'aboutit pas, et, à partir de 1909, il dispersa ces textes dans diverses revues. Plus fugitif fut le projet conçu en 1909 d'une *Année républicaine*, c'est-à-dire un calendrier poétique, dont il n'écrivit qu'un poème « Vendémiaire », et des fragments utilisés ailleurs. Enfin, à partir de 1910, il songea sérieusement à faire pour ses vers ce qu'il venait de faire pour ses contes rassemblés dans un recueil sous le titre *l'Hérésiarque et C*^{ie} : le titre prévu était *Eau-de-vie*, et le titre définitif *Alcools* ne fut trouvé qu'en octobre 1912.

Pour constituer ce recueil, qui devait présenter toute son activité poétique depuis quinze ans, Apollinaire fut amené à faire un tri. De plus, pour éviter que le groupe, même réduit, de ses poèmes d'Allemagne ne créât un déséquilibre dans le recueil, il écarta de l'ensemble intitulé « Rhénanes » deux poèmes qui en font authentiquement partie : « les Colchiques » et « Automne malade ». Un certain nombre de corrections furent apportées à plusieurs poèmes; la ponctuation fut supprimée sur les premières épreuves d'imprimerie, à la fin de 1912. Quant à l'ordre de succession des textes, il ne doit rien à la chronologie : le poème le plus récent « Zone », ajouté d'ailleurs au dernier moment, forme une ouverture qui renforce le côté moderniste du recueil. « Il n'y a dans *Alcools*, conclut Michel Décaudin, d'autre ordre que celui des affinités esthétiques et sentimentales ressenties par l'auteur ou de leurs discrètes dissonances : n'est-ce pas là le fait du poète ? »

Le livre sortira des presses du Mercure de France en avril 1913, quelques semaines après les *Méditations esthétiques*, qui est le premier ouvrage consacré aux peintres cubistes.

RICHESSE ET DIVERSITÉ D'*ALCOOLS*

La première impression à la lecture d'*Alcools* est une impression de riche diversité. A côté des longs poèmes marqués d'un certain symbolisme que sont « Merlin », « l'Ermite », « le Larron », ou la suite verlainienne intitulée « A la Santé », nous trouvons dans ce recueil des pièces élégiaques comme « le Pont Mirabeau » ou « Marie » — les plus connues du grand public, qu'elles ne désorientent pas — et des poésies plus obscures et plus novatrices comme « les Fiançailles », « Cortège », « Lul de Faltenin », ou bien « le Brasier » et « Vendémiaire », où s'exprime une poétique de l'aventure et de l'ébriété lyrique (avec, pour le dernier cité, des touches d'unanimisme* et de dramatisme*); les deux inspirations, élégiaque et moderniste, s'unissent, selon des dosages divers, dans certains passages de « la Chanson du Mal-Aimé », dans « l'Émigrant de Landor Road », et surtout dans « Zone », où la détresse affective et spirituelle d'une part, et, de l'autre, les souvenirs cosmopolites, la sensibilité au monde de la machine et de la ville moderne se mêlent dans l'évocation simultanéiste* du flux psychologique.

En plus de ces grandes orientations, la variété se remarque dans le détail des œuvres. C'est ainsi que le groupe de pièces intitulé « Rhénanes » présente successivement : la fascination nocturne du surnaturel (« Nuit rhénane »), un paysage inséparable d'une élégie (« Mai »), un récit légendaire (« la Loreley »), un tableau de mœurs plein d'une verve fantaisiste (« Schinderhannes ») et une émouvante scène de la vie quotidienne (« les Femmes »). Même diversité dans la longueur des œuvres, depuis le poème « Chantre », composé d'un vers unique, « Et l'unique cordeau des trompettes marines », jusqu'aux 295 vers de « la Chanson du Mal-Aimé ». La souplesse se retrouve dans la prosodie, depuis la strophe de cinq octosyllabes jusqu'au verset de « Zone », dont la liberté ne connaît aucun nombre préexistant, sans oublier l'intrusion d'un vers de longueur insolite dans un ensemble régulier, depuis les rimes riches jusqu'aux vers sans écho en passant par le jeu des assonances. Autant que La Fontaine, Apollinaire eût pu dire : « Diversité, c'est ma devise. »

Faut-il chercher l'explication de cette diversité dans le fait qu'*Alcools* rassemble une production poétique d'une quinzaine d'années ? Sans doute Apollinaire a évolué, et le contraire serait inconcevable chez un homme épris de nouveautés et de recherches. A partir de 1905, ce compagnon de Salmon devient lui aussi sensible à la « féerie » de la vie quotidienne et moderne. 1907 est une année de renouveau, non seulement sentimental, mais poétique, qui lui fait « chercher un lyrisme neuf et humaniste à la fois ». En 1912, se place ce qu'on a parfois appelé le « changement de front » d'Apollinaire : il supprime la ponctuation (ce qui n'est pas une innovation si considérable, mais ce qui fait beaucoup de bruit); il découvre la poésie des prospectus, des catalogues et des affiches; surtout, à une forme musicale et mélodieuse, il substitue, d'une manière éclatante dans « Zone », une expression plus directe et plus âpre, où le vers, se moulant sur le seul rythme imprévisible de la perception, fait moins de cas des suggestions des sonorités que de la puissance de l'image. L'audace d'Apollinaire continuera à croître après *Alcools* : le recueil de *Calligrammes* (portant la date : 1913-1916) présente, outre le thème nouveau de la féerie érotique de la guerre, des idéogrammes* lyriques, des poèmes-conversations*, des poèmes simultanés* et une liberté des images encore plus grande. Cette évolution aboutit à la formulation de la conférence de 1917, où Apollinaire fait de la surprise la source principale de la poésie, tout en maintenant fermement que « l'esprit nouveau se réclame de l'ordre et du devoir et leur adjoint la liberté ».

Mais l'explication chronologique ne suffit pas à rendre compte de cette diversité de l'œuvre. Les changements sont en réalité moins importants qu'il n'apparaît d'abord, car ils ne font souvent que mieux mettre en valeur ce qui existait déjà : c'est ainsi que la poésie de la machine et de la ville moderne apparaît, à la fin de « la Chanson du Mal-Aimé » (1904). De même, le vers volontairement peu musical de « Zone » a déjà été utilisé dans « la Synagogue » (1901) et dans « le Brasier » (1908). Dès 1901, le poème « les Femmes » peut être considéré comme le premier poème-conversation. D'autre part, un nouveau stade d'évolution n'efface pas, pour Apollinaire, les stades antérieurs : on pourrait croire que « le Pont Mirabeau » et « Marie » ont été écrits au temps de « la Chanson du Mal-Aimé » et non après « l'Émigrant de Landor Road » ou « le Brasier ». De même, dans *Calligrammes*, bien des poèmes reprennent des manières antérieures, y compris l'emploi de quatrains réguliers et mélodieux. Enfin, le bref et beau recueil *Vitam impendere amori* est peut-être l'un des moins révolutionnaires de l'auteur, et il a été écrit en 1917. Michel Décaudin, selon qui le « changement de front » d'Apollinaire a été « plus apparent et tapageur que profond », a même pu trou-

ver dans le cahier de Stavelot (1899) les germes de l'œuvre future :
« Tout se passe, dit-il, comme si les différentes voies de sa poésie
étaient déjà ouvertes. »

L'évolution d'Apollinaire étant ainsi ramenée à des proportions
plus mesurées, il nous faut donc conclure que cette diversité d'*Alcools*
tient plus profondément à l'être même du poète, dont nous avons
déjà dit la complexité. Il avait particulièrement vif le goût de la
variété; il poussait ce goût jusqu'à se plaire dans une disparité
parfois agressive. Ainsi est éclairée la place que, dans son esthé-
tique, il fit à la recherche de la surprise, à la simultanéité, qui est
la coexistence de plusieurs réalités différentes et qui n'est en un
certain sens qu'une forme exacerbée de la variété. Ajoutons que,
sur ce point, Apollinaire peut être considéré comme l'héritier d'une
tradition déjà longue qui, par un mélange parfois trop facile des
genres, protestait, au nom de la vie, contre une excessive exigence
classique d'unité.

UNITÉ ET ORIGINALITÉ D'*ALCOOLS*

Cette diversité frappa tous les critiques dès la parution de l'œuvre,
et certains, en particulier Georges Duhamel, parlèrent à ce propos
« de boutique de brocanteur où [...] est venue échouer une foule
d'objets hétéroclites [...] dont aucun n'est le produit de l'industrie
du marchand même ». Et Duhamel cite les noms des poètes qu'il
reconnaît en lisant *Alcools* : Verlaine, Moréas, Rimbaud, Max
Jacob, Salmon. Sans que l'on cherche à nier certaines des affinités
de cette liste (à laquelle on pourrait ajouter Villon), il semble, au
contraire, que sous sa diversité chatoyante ce recueil possède une
grande unité et une forte originalité.

On perçoit en effet dans les divers poèmes d'*Alcools* le timbre
fondamental de la voix d'Apollinaire : une voix qui évite l'éloquence
sans se cantonner dans le ton mineur, qui chante ou psalmodie
sans s'amollir jamais dans la mélopée, une voix tendre sans mièvre-
rie, où se fondent le frémissement sentimental, l'ardeur érotique
et l'amour de la vie. Loin de chercher à imiter autrui, cette voix
franche et saine, à la fois fraîche et savante, est le reflet d'une per-
sonnalité riche et sensible, sans raideur ni mollesse. C'est pourquoi
le lecteur n'hésitera pas à identifier un poème d'Apollinaire qu'il
ne connaîtrait pas, ce qui est une vérification expérimentale de son
originalité.

Ajoutons que la lecture d'Apollinaire nous introduit dans un
monde intérieur assez particulier pour ne pouvoir être brièvement
caractérisé que par l'épithète d'« apollinarien ». Si ce monde inté-
rieur emprunte à la réalité ses composantes principales : fleuve,
astres, corps féminin, décor urbain, souvenirs cosmopolites, détails
curieux, électricité nocturne, on ne saurait parler de réalisme au
sens habituel du terme, car Apollinaire est, en poésie, le frère de

ces peintres modernes qui, « s'ils observent encore la nature, ne l'imitent plus ».

En explicitant une des suggestions du titre du recueil, on peut définir l'activité poétique comme une fermentation qui suractive les sucs de la vie et du monde. Non que le poète vise à distiller un élixir quintessencié qui donne l'oubli du monde : il y a un sens de la vie en ce début du XXe siècle que beaucoup de poètes opposent à l'idéalisme symboliste, et ce sens de la vie, Apollinaire le possède profondément : ce qu'il offre à la soif des hommes, c'est « l'univers tout entier concentré dans ce vin » (« Vendémiaire »). Pour réaliser cette fermentation, le poète ne se contente pas de mêler au monde dit « réel » une mythologie personnelle de sirènes, de centaures ou d'autres êtres légendaires; il fait surtout appel à l'action des images, dont la liberté dissocie les liaisons de l'habitude, crée des associations inédites, manifeste ou provoque l'ébriété. Comprenons bien que l'esprit ainsi enivré ne devient pas le jouet de l'illusoire et du faux, mais possède avec une joie intense à la fois le monde et lui-même, et atteint dans l'émerveillement une vérité toujours nouvelle. Apollinaire pratique donc ce qu'il a fait définir par un de ses amis « un naturalisme supérieur, plus sensible, plus vivant et plus varié que l'ancien, un surnaturalisme ». Cette ébriété, on ne la découvre pas seulement dans « le Brasier » ou dans « Vendémiaire », où est exprimée autant que vécue cette esthétique dionysiaque, mais aussi dans la fantaisie grisée des « Sept Épées » ou la strophe extasiée qui sert de leitmotiv à « la Chanson du Mal-Aimé » (Voie lactée...). À des degrés divers, cette ébriété est vécue dans tous les poèmes d'*Alcools*. Et c'est elle qui, distincte de l'incantation mallarméenne comme de cette sorte de délire qu'est l'« automatisme psychique » du surréalisme, justifie le titre du recueil et lui donne son unité et son originalité.

VALEUR POÉTIQUE D'*ALCOOLS*

De cette œuvre diverse et une, il reste à préciser la valeur en examinant certaines appréciations qu'elle a suscitées.

L'admiration du public et de la critique va d'abord aux poèmes élégiaques tels que « les Colchiques », « le Pont Mirabeau », « Marie », « Cors de chasse » ou « la Chanson du Mal-Aimé », que certains, il est vrai, amputeraient assez volontiers d'une partie de sa « broderie ». Dans ces poèmes qui ont tout l'accomplissement des chefs-d'œuvre, on loue unanimement l'authenticité et la pureté d'une poésie, où une sensibilité profonde et discrète se révèle, en dehors de toute éloquence et sans la raideur d'une armature logique, par les suggestions des images et les intonations pénétrantes du chant. Étonné par ce pouvoir de saisir l'émotion à sa source, dans une âme qui a conservé quelque chose de la fraîcheur enfantine, et de la rendre sans la ternir, on parle volontiers de « miracle ingénu », en sous-estimant peut-être le rôle de l'art (d'un art qui, il est vrai, a surtout consisté à éliminer lucidement toute scorie et à coudre les trouvailles de l'inspiration). Apollinaire apparaît alors comme le « dernier des élégiaques », dont l'œuvre « a enrichi à jamais le trésor intérieur de chacun de nous » (A. Billy).

Mais cette unanimité dans l'admiration ne s'étend pas à tout le recueil d'*Alcools* : de l'avis de bien des lecteurs et aussi des critiques, certains poèmes, « le Brasier » par exemple, souffrent d'une obscurité qui les rend « impénétrables et illisibles ». Il est certain que la lecture d'Apollinaire n'est pas toujours facile[1]. Mais on peut distinguer chez lui deux sortes d'obscurités. Parfois, un mot étrange, une allusion, un détail d'érudition (par exemple aux vers 10-11 des « Colchiques ») créent une obscurité locale (où pourrait bien d'ailleurs se dissimuler un sourire railleur du poète). Ou bien encore, dans son désir de supprimer des renseignements qui seraient autant d'*impedimenta*, l'auteur nous laisse ignorer la situation qui est la sienne, ce qui risque de faire naître de fausses interprétations (voir, par exemple, « l'Émigrant de Landor Road »); il s'agit, en tout cas, d'une obscurité provisoire, même si tout n'est pas encore élucidé de nos jours.

Tout autre est l'obscurité due à l'illogisme que l'on rencontre, par exemple, dans le poème des « Fiançailles », dans « le Brasier » ou dans cette phrase d'*Onirocritique* (1908) : « Arrivé au bord d'un fleuve, je le pris à deux mains et le brandis. Cette épée me désaltéra. Et la source languissante m'avertit que si j'arrêtais le soleil, je le verrais carré en réalité. » Il s'agit là d'une étrangeté plus que d'une obscurité, et d'une étrangeté définitive, liée à cette ébriété poétique dont nous avons dit qu'elle était essentielle chez Apollinaire. On peut certes estimer que l'étrangeté n'est pas une condition suffisante de la beauté poétique, ce que contesterait probablement l'Apollinaire de 1917 écrivant : « Qui oserait dire que ce qui est nouveau ne soit pas beau? » En tout cas, l'étrangeté n'empêche pas la poésie; on ne peut condamner une œuvre poétique pour la seule raison que son étrangeté la rend obscure.

Moins catégorique, mais plus valable, apparaît la réserve de ceux qui ne trouvent pas chez Apollinaire une très riche substance humaine : si ouvert qu'il soit à ce qui l'entoure, il reste fermé à l'inquiétude métaphysique; si authentique que soit son lyrisme sentimental, si proche de tous les hommes qu'il rende le poète, il peut paraître limité : le chagrin d'amour et l'émoi devant la fuite du temps ne sont qu'un aspect de la condition humaine. Même en ajoutant à ces thèmes celui de l'aventure poétique, on n'atteint point avec *Alcools* la charge d'humanité que l'on peut trouver chez les grands romantiques, chez Baudelaire, plus récemment chez Péguy ou Claudel, enfin chez Eluard. A quoi l'on peut sans doute répondre

---

1. Dans les notes qui accompagnent cette anthologie, on a marqué du signe (?) les interprétations qui ne sont proposées qu'avec réserve.

que, pour notre poète, c'est la poésie qui, par elle-même, est la réponse à tout le problème humain en transformant la vie de tous. « Ceux qui se livrent au travail de la poésie font quelque chose d'essentiel, de primordial, de divin », écrit-il dans une lettre, « l'homme se divinisera, plus pur, plus vif et plus savant. » En tout cas, même si l'on ne partage pas cette foi en un salut par l'activité poétique, il faut reconnaître que la richesse des thèmes n'est qu'une matière première qui peut être l'occasion d'un didactisme abstrait et prosaïque et que, par conséquent, la grandeur d'un poète dépend moins de la substance humaine qu'il a assumée que de l'intensité du rayonnement poétique qu'il a su en tirer.

La discussion de ces deux griefs nous amène donc à ce point central : ce qui importe, c'est la puissance poétique. Or, s'il peut y avoir une poésie moins obscure que certains poèmes d'*Alcools,* une poésie plus richement humaine que l'ensemble de ce recueil, il n'est guère niable que nous nous trouvions en présence d'une parole de poète, une parole plus ou moins accessible dans sa diversité, mais toujours authentique dans son unité foncière.

L'INFLUENCE D'APOLLINAIRE

La grandeur d'un poète vient également de l'action qu'il exerce sur le développement historique de la littérature. Nous avons dit le rôle joué par Apollinaire dans cette avant-garde cosmopolite qui bouillonna à Paris dans les années qui précédèrent 1914; il reste à parler de l'influence de son œuvre sur les générations de l'après-guerre.

Peut-on considérer Apollinaire comme un précurseur immédiat du surréalisme*? Certes, il employa le premier ce mot en 1917 à propos de son drame *les Mamelles de Tirésias,* mais ce qui est mis sous un mot importe plus que le mot lui-même. En fait, d'après le *Manifeste* de 1924, si Breton et Soupault reprirent ce mot « en un sens très particulier [...], ce fut un hommage à Apollinaire, qui venait de mourir et qui, à plusieurs reprises, nous paraissait avoir obéi à un entraînement de ce genre » (c'est-à-dire à l'écriture automatique). Plus que dans *Alcools,* les exemples en seraient à chercher dans *Onirocritique* et dans *Calligrammes* (« A travers l'Europe »), mais, à vrai dire, Apollinaire ne pratiqua guère cette « dictée de la pensée [...] sans aucun travail de filtration ». C'est pourquoi Breton lui reproche de n'avoir pas « sacrifié de médiocres moyens littéraires » et regrette, semble-t-il, ce parrainage : « A plus juste titre [...], aurions-nous pu nous emparer du mot *supernaturalisme,* employé par Gérard de Nerval [...]. Il semble, en effet, que Nerval posséda à merveille l'esprit dont nous nous réclamons, Apollinaire n'ayant possédé, en revanche, que la lettre, encore imparfaite, du surréalisme, et s'étant montré impuissant à en donner un aperçu théorique qui nous retienne. » Néanmoins, par son sens de l'aventure, que, de l'aveu même de Breton, il posséda plus que tout autre, par son ardent désir d'explorer l'inconnu, par la liberté de son imagination à l'égard de tout réalisme et de toute logique et surtout par le rôle que, dès les poèmes les plus anciens d'*Alcools* et bien avant d'en avoir formulé le principe, il a donné à la surprise, Apollinaire peut être considéré comme un des annonciateurs du surréalisme, même si son œuvre ne peut être reconnue par la stricte orthodoxie du mouvement.

Plus largement, entre les deux guerres mondiales, c'est dans le sillage d'Apollinaire qu'avancent, sans toujours le reconnaître, ceux qui, en marge du surréalisme mais non sans lien avec lui, ont suivi l'esprit d'aventure en demandant à la puissance de l'image l'accès à un monde inconnu et se sont défiés comme lui de tout esprit de système. Et quand, dans leur évolution personnelle, des surréalistes de la première heure comme Eluard et Aragon se rapprochent d'un lyrisme à la fois moderne et élégiaque, aussi riche de sensibilité que d'imagination et qui ne craint pas parfois de faire appel à une prosodie traditionnelle, on ne pourra sans doute parler d'une influence d'*Alcools*, mais on trouvera entre ces œuvres une singulière parenté.

Enfin, au moment où l'on vient de fêter le cinquantenaire d'*Alcools*, on peut constater que la production poétique contemporaine ne saurait oublier totalement l'apport surréaliste qui s'est intégré à notre mentalité : le langage poétique actuel, même s'il sert à traduire d'autres expériences spirituelles, même s'il s'organise en une nouvelle « rhétorique » (au bon sens du terme), témoigne toujours plus ou moins de la libération que lui apporta le surréalisme. Quelque chose de l'œuvre d'Apollinaire reste donc vivant dans la poésie d'aujourd'hui.

Ajoutons que le rayonnement d'Apollinaire ne s'est pas limité à sa patrie d'adoption : à des degrés divers, il est connu, aimé, étudié, dans le monde ; il a exercé une influence sur un certain nombre d'écrivains de diverses nationalités, sans compter l'influence diffuse qui fut la sienne à travers le surréalisme.

Une telle présence d'Apollinaire dans le monde poétique du XXe siècle permet d'affirmer que 1913, l'année où parut *Alcools*, le premier chef-d'œuvre d'Apollinaire, est une date de la poésie mondiale.

Les poèmes « Annie », « la Blanche Neige » et « Signe » ont été laissés volontairement sans questions pour qu'ils puissent être l'objet d'un exercice complet d'explication de textes.

LEXIQUE

DES TERMES D'ESTHÉTIQUE

employés par Apollinaire ou à son sujet.

CUBISME

Mouvement pictural né en France en 1908 et animé par Picasso et Braque. Ce dernier proclame : « Les sens déforment, l'esprit forme » ; ce qui justifie l'affirmation d'Apollinaire : « Ce qui différencie le cubisme de l'ancienne peinture, c'est qu'il n'est pas un art d'imitation mais un art de conception qui tend à s'élever jusqu'à la création. » Apollinaire distingue quatre tendances dont deux pures : « Le cubisme scientifique est l'art de peindre les ensembles nouveaux avec des éléments empruntés non à la réalité de vision, mais à la réalité de connaissance ; le cubisme orphique est l'art de peindre les ensembles nouveaux avec des éléments empruntés non à la réalité visuelle, mais entièrement créés par l'artiste et doués par lui d'une puissante réalité. »

Les historiens de la peinture préfèrent distinguer : le cubisme analytique, qui « rompt totalement les volumes [...], en adoptant la multiplicité des angles de vision pour donner une vue aussi totale que possible », et le **cubisme synthétique**, où « l'objet réduit à son essence, débarrassé de tout détail accidentel, retrouve sa cohésion interne » (M. Sérullaz). Quant à l'orphisme, il apparaît surtout maintenant comme le début de la peinture abstraite.

DRAMATISME

Forme d'expression poétique qui cherche à rendre la vision multiple et totale de l'individu, du collectif et de l'universel, en faisant entendre dans le poème ces diverses réalités à l'état de voix et de présence poétique simultanées (Barzun, 1912).

FAUVISME

Mouvement pictural né en France en 1905 et animé par Matisse. L'exemple de Van Gogh et celui de Gauguin contribuèrent à sa formation, ainsi que l'enseignement de Gustave Moreau à l'Ecole des beaux-arts. Le fauvisme se caractérise par une tendance à tout exprimer par le moyen de l'orchestration de couleurs pures, et surtout le sentiment et la pensée de l'artiste devant les spectacles de la nature. Ce mouvement est essentiellement représenté par Matisse, Dufy, Vlaminck et Derain.

FUTURISME

Mouvement d'origine italienne animé par Marinetti (premier *Manifeste*, Paris, février 1909). Il renie tout passéisme (la tradition, la morale, le féminisme, les musées, les bibliothèques) et célèbre l'homme moderne, l'homme mécanique, en glorifiant la force, la vitesse, la guerre, la luxure, la vie tumultueuse des machines et des villes. Pour rendre cette exaltation, les musiciens futuristes ont recours à des cris et à des bruits expressifs ; les écrivains, aux mots en liberté, qui suppriment la syntaxe pour parvenir au maximum de désordre.

IDÉOGRAMME Par opposition à l'écriture alphabétique, qui transcrit les sons d'un mot, l'écriture idéographique dessine l'objet ou l'idée que le mot signifie. Dans les idéogrammes lyriques d'Apollinaire, c'est la présentation typographique du texte qui dessine l'objet chanté par le poème. Ce procédé date de l'Antiquité alexandrine. Parfois, la composition prend une valeur plastique sans figurer exactement un objet; c'est le procédé utilisé par Mallarmé dans « Un coup de dés jamais n'abolira le hasard ».

NATURISME Mouvement lancé par Saint-Georges de Bouhélier et Le Blond, mais exprimant tout un courant de pensée à la fin du XIXᵉ siècle. En réaction contre le symbolisme, jugé « artificiel, égotiste, maladif », le naturisme prêche le retour à la nature, c'est-à-dire l'acceptation joyeuse du monde et la communion avec tous les êtres et avec l'univers.

ORPHISME Voir CUBISME.

POÈMES-CONVERSATIONS Poèmes constitués par la juxtaposition de lambeaux de conversations différentes et simultanées pour dégager le lyrisme ambiant.

SIMULTANÉISME Sans être l'appellation d'une école, ce mot désigne l'effort pour percevoir et rendre la présence simultanée de réalités hétérogènes.

SURRÉALISME « Automatisme psychique pur par lequel on se propose d'exprimer, soit verbalement, soit par écrit, soit de toute autre manière, le fonctionnement réel de la pensée. Dictée de la pensée en l'absence de tout contrôle exercé par la raison, en dehors de toute préoccupation esthétique ou morale » (André Breton, 1924).

UNANIMISME Mouvement préparé par les poètes de l'Abbaye et défini par Jules Romains à partir de 1905. Plus qu'une doctrine littéraire, l'unanimisme est un style nouveau de sensibilité, de pensée et d'action. Cette vue des choses perçoit au-delà des individus des êtres collectifs plus ou moins complexes et durables : un rassemblement, un couple, une rue, une ville, l'Europe. L'artiste unanimiste devient « l'expression humaine de ces êtres multiples et vivants qui continueront l'évolution de la vie par-dessus et par-delà l'homme ». Ce sentiment religieux doit se traduire par une « poésie immédiate », sans parure ni maquillage, un « jaillissement spontané du réel et de l'âme ».

LES IDÉES ESTHÉTIQUES
D'APOLLINAIRE

Plus créateur que théoricien, Apollinaire n'a jamais écrit de traité d'esthétique. Voici, dans l'ordre chronologique, des extraits d'articles qui éclaireront les idées esthétiques du poète :

I. Chroniques d'art

Un des premiers articles d'Apollinaire est consacré à Picasso peintre et dessinateur *(1905) [périodes bleue et rose]. Déjà apparaît l'idée que, par l'art, l'homme, s'il refuse d'être esclave de la nature, trouve en son esprit le divin, qui est l'humain authentique et libre :*

● Si nous savions, tous les dieux s'éveilleraient. Nés de la connaissance profonde que l'humanité retenait d'elle-même, les panthéismes adorés qui lui ressemblaient se sont assoupis. Mais malgré les sommeils éternels, il y a des
5 yeux où se reflètent des humanités semblables à des fantômes divins et joyeux.

Ces yeux sont attentifs comme des fleurs qui veulent toujours contempler le soleil. O joie féconde, il y a des hommes qui voient avec ces yeux.

10 Picasso a regardé des images humaines qui flottaient dans l'azur de nos mémoires et qui participent de la divinité pour donner des métaphysiciens.

Cette intuition d'Apollinaire s'est enrichie d'une analyse plus précise dans ces aphorismes donnés en préface au catalogue d'une exposition présentée au Havre en juin 1908 : les Trois Vertus plastiques.

● Les vertus plastiques : la pureté, l'unité, et la vérité maintiennent sous leurs pieds la nature terrassée [...].
15 Cependant, trop d'artistes et particulièrement les peintres adorent encore les plantes, les pierres, l'onde ou les hommes[1].

On s'accoutume vite à l'esclavage du mystère. Et la servitude finit par créer de doux loisirs.

---

1. Il s'agit du respect servile de la nature chez ceux qui affirment que l'art est l'imitation de la nature. Mais l'expression évoque les temps anciens de l'humanité avec les religions, qui déifient les phénomènes naturels, par opposition au monde moderne de la science et de la technique, qui rendent l'homme maître de l'univers.

20 On laisse les ouvriers maîtriser l'Univers et les jardiniers ont moins de respect pour la nature que n'en ont les artistes.

Il est temps d'être les maîtres. La bonne volonté ne garantit point la victoire.

25 En deçà de l'éternité dansent les mortelles formes de l'amour et le nom de la nature résume leur maudite discipline.

La flamme est le symbole de la peinture et les trois vertus plastiques flambent en rayonnant.

30 La flamme a la pureté qui ne souffre rien d'étranger[1] et transforme cruellement en elle-même ce qu'elle atteint.

Elle a cette unité magique qui fait que si on la divise chaque flammèche est semblable à la flamme unique.

Elle a enfin la vérité sublime de sa lumière que nul ne 35 peut nier[2] [...].

Considérer la pureté, c'est baptiser l'instinct, c'est humaniser l'art et diviniser la personnalité[3] [...].

Le peintre doit avant tout se donner le spectacle de sa propre divinité, et les tableaux qu'il offre à l'admiration 40 des hommes leur conféreront la gloire d'exercer aussi et momentanément leur propre divinité[4] [...]. La toile doit présenter cette unité essentielle qui, seule, provoque l'extase[5] [...]. Chaque divinité crée à son image, ainsi des peintres. Et les photographes seuls fabriquent la repro-45 duction de la nature [...].

La pureté et l'unité ne comptent pas sans la vérité, qu'on ne peut comparer à la réalité puisqu'elle est la même, hors de toutes les natures qui s'efforcent de nous retenir dans l'ordre fatal où nous ne sommes que des animaux[6].

---

1. La pureté s'obtient en peinture lorsque est écarté tout ce qui n'est pas moyen plastique ayant une valeur intrinsèque : une ligne vaut par son déroulement et non par l'objet qu'elle signifie et derrière lequel elle s'effacerait : « Le signe signifie alors que la forme se signifie » (Fouillon); **2.** La vérité n'est donc pas d'accord avec une réalité donnée. Elle s'impose par une cohésion interne, dans son ensemble et dans chacune de ses parties *(flammèche)*, qui affirme son existence comme une évidence; **3.** Le baptême fait passer de la vie naturelle à la vie surnaturelle; ici, le passage se fait de l'*instinct* animal attiré par l'objet (et trompé par son signe) à l'esprit de l'« homme », qui invente une forme et crée, comme un « dieu », un univers plastique; **4.** Le spectateur de l'œuvre d'art devient, lui aussi, un créateur. Là est la fonction sociale de l'art et non dans la propagande pour une idéologie; **5.** Cette unité est l'unité organique de toute œuvre d'art comme de tout être vivant. Elle n'exclut ni diversité ni contrastes, mais refuse la juxtaposition hasardeuse des événements (que présente la nature). Tout doit être intégré dans une architecture, sinon l'œuvre est un monde cassé et non ce monde autonome où l'être se trouve absorbé (« extase »); **6.** Malraux : « L'art est un anti-destin ».

Ces idées sont nées de la contemplation des œuvres de Braque autant que de celles de Picasso, comme le prouvent les extraits de cet article de novembre 1908 intitulé Georges Braque.

50 ● Puisant en lui-même les éléments des motifs synthétiques qu'il représente, il est devenu un créateur.

Il ne doit plus rien à ce qui l'entoure. Son esprit a provoqué volontairement le crépuscule de la réalité et voici que s'élabore plastiquement en lui-même et hors de lui-
55 même une renaissance universelle [...].

Ce peintre est angélique. Plus pur que les autres hommes, il ne se préoccupe point de ce qui, étant étranger à son art, le ferait soudain déchoir du paradis qu'il habite.

Qu'on ne vienne point chercher ici le mysticisme des
60 dévots, la psychologie des littérateurs, ni la logique démonstrative des savants! Ce peintre compose ses tableaux selon son souci absolu de pleine nouveauté, de pleine vérité. Et, s'il s'appuie sur des moyens humains, sur des méthodes terrestres, c'est pour assurer la réalité de son lyrisme. Ses
65 toiles ont l'unité qui les rend nécessaires.

Pour le peintre, pour le poète, pour les artistes (c'est ce qui les différencie des autres hommes et surtout des savants) chaque œuvre devient un univers nouveau avec ses lois particulières.

L'explication devient plus pédagogique dans ce passage des Méditations esthétiques *de 1913 :*

70 ● Si le but de la peinture est toujours comme il fut jadis : le plaisir des yeux, on demande désormais à l'amateur d'y trouver un autre plaisir que celui que peut lui procurer aussi bien le spectacle des choses naturelles. On s'achemine ainsi vers un art entièrement nouveau, qui sera à la
75 peinture, telle qu'on l'avait envisagée jusqu'ici, ce que la musique est à la littérature.

Ce sera de la peinture pure, de même que la musique est de la littérature pure[1].

---

1. Parce que les moyens musicaux valent par eux-mêmes et non comme un signe de la réalité, alors qu'il est sans doute impossible de dépouiller les mots de tout rôle de signe.

━━━ **QUESTIONS** ━━━━━━━━━━━━━━━━━━━━━━━━━

● LIGNES 70-75. Ne peut-il y avoir une autre littérature *pure* que la musique, par exemple : le roman pur, la poésie pure?

L'amateur de musique éprouve, en entendant un concert,
80 une joie d'un ordre différent de la joie qu'il éprouve en
écoutant les bruits naturels comme le murmure d'un ruis-
seau, le fracas d'un torrent, le sifflement du vent dans une
forêt, ou les harmonies du langage humain fondées sur la
raison et non sur l'esthétique.
85 De même les peintres nouveaux procurent déjà à leurs
admirateurs des sensations artistiques uniquement dues à
l'harmonie des lumières et des ombres et indépendantes
du sujet dépeint dans le tableau[1].

II. Conférence sur l'Esprit nouveau,

prononcée le 26 novembre 1917, publiée le 1er décembre 1918.

● L'esprit nouveau qui s'annonce prétend avant tout
hériter des classiques un solide bon sens, un esprit critique
assuré, des vues d'ensemble sur l'univers et dans l'âme
humaine, et le sens du devoir qui dépouille les sentiments
5 et en limite ou plutôt en contient les manifestations.
Il prétend encore hériter des romantiques une curiosité
qui le pousse à explorer tous les domaines propres à fournir
une matière littéraire qui permette d'exalter la vie sous
quelque forme qu'elle se présente [...].

*Ensuite, Apollinaire parle des recherches dans la forme, qui ont
une grande importance*, car elles peuvent déterminer de nouvelles

---

1. Maurice Denis : « Un tableau est une surface plane couverte de couleurs en
un certain ordre assemblées. »

――――――― **QUESTIONS** ―――――――

● Lignes 79-84. Montrez que les affirmations d'Apollinaire sont vraies,
même lorsqu'il s'agit d'une musique descriptive, comme *le Bourdon* de
Rimsky-Korsakov.

■ Sur l'ensemble des Chroniques d'art. — Selon vous, Apollinaire
a-t-il été sensible au cubisme dans ce qu'il a de spécifique ou plutôt, à
travers lui, à l'esprit irréaliste de toute la peinture moderne depuis la
fin de l'impressionnisme ?
— Ne croyez-vous pas que toute peinture authentique, même figu-
rative, a toujours été *également* une peinture pure, utilisant les moyens
plastiques en tant que tels ?

GUILLAUME APOLLINAIRE. — DESSIN DE PICASSO

découvertes dans la pensée et le lyrisme. *Après un certain nombre de* truismes, *qui lui ont été reprochés* (l'assonance, l'allitération aussi bien que la rime sont des conventions qui chacune a ses mérites), *il justifie ses idéogrammes lyriques.*

10 ● Il eût été étrange qu'à une époque où l'art populaire par excellence, le cinéma, est un livre d'images, les poètes n'eussent pas essayé de composer des images pour les esprits méditatifs et plus raffinés qui ne se contentent point des ima-ginations grossières des fabricants de films. Ceux-ci se raffi-
15 neront, et l'on peut prévoir le jour où, le phonographe et le cinéma étant devenus les seules formes d'impression en usage, les poètes auront une liberté inconnue jusqu'à présent.

Qu'on ne s'étonne point, si, avec les seuls moyens dont
20 ils disposent encore, ils s'efforcent de se préparer à cet art nouveau (plus vaste que l'art simple des paroles) où, chefs d'un orchestre d'une étendue inouïe, ils auront à leur disposition : le monde entier, ses rumeurs et ses appa-rences, la pensée et le langage humain, le chant, la danse,
25 tous les arts et tous les artifices, plus de mirages encore que ceux qui pouvaient faire surgir Morgane sur le mont Gibel pour composer le livre vu et entendu de l'avenir[1].

Mais généralement vous ne trouverez pas en France de ces « paroles en liberté » jusqu'où ont été poussées les
30 surenchères futuristes, italienne et russe, filles excessives de l'esprit nouveau, car la France répugne au désordre.

Après la forme, il traite du fond.

● Dans le domaine de l'inspiration, la liberté des poètes ne peut pas être moins grande aujourd'hui que celle d'un journal quotidien qui traite dans une seule feuille des
35 matières les plus diverses, parcourt des pays les plus éloi-gnés. On se demande pourquoi le poète n'aurait pas une liberté au moins égale et serait tenu, à une époque de téléphone, de télégraphie sans fil et d'aviation, à plus de circonspection vis-à-vis des espaces[2].
40 La rapidité et la simplicité avec lesquelles les esprits se sont accoutumés à désigner d'un seul mot des êtres aussi

---

1. Sous une forme qui tient compte des possibilités offertes par les techniques, se retrouve ici le désir wagnérien d'un spectacle total; 2. Le cosmopolitisme et le simultanéisme* se trouvent ici justifiés par les transformations que les nouveaux moyens de communication ont apportées à la vie moderne.

complexes qu'une foule, une nation, que l'univers, n'avaient pas leur pendant moderne dans la poésie. Les poètes comblent cette lacune et leurs poèmes synthétiques créent
45 de nouvelles entités qui ont une valeur plastique aussi composée que des termes collectifs[1].

Il développe ensuite l'idée que l'art, de plus en plus, aura une patrie :

● Il ne faut pas oublier qu'il est peut-être plus dangereux pour une nation de se laisser conquérir intellectuellement que par les armes[2]. C'est pourquoi l'esprit nouveau se
50 réclame avant tout de l'ordre et du devoir qui sont les grandes qualités classiques par quoi se manifeste le plus hautement l'esprit français et il leur adjoint la liberté. Cette liberté et cet ordre qui se confondent dans l'esprit nouveau sont sa caractéristique et sa force.

Il atteint enfin l'essentiel : recherche de la vérité sans cesse nouvelle, ce qui fait du poète l'aile marchante de l'humanité.

55 ● L'esprit nouveau est tout étude de la nature extérieure et intérieure, tout ardeur pour la vérité. Même s'il est vrai qu'il n'y a rien de nouveau sous le soleil, il ne consent point à ne pas approfondir tout ce qui n'est pas nouveau sous le soleil. Le bon sens est son guide et ce guide le
60 conduit en des coins sinon nouveaux, du moins inconnus.

Mais n'y a-t-il rien de nouveau sous le soleil? Il faudrait voir. Quoi! On a radiographié ma tête. J'ai vu, moi vivant, mon crâne et cela ne serait en rien de la nouveauté? A d'autres! [...].

65 Les airs se peuplent d'oiseaux étrangement humains.
Des machines filles de l'homme et qui n'ont pas de mère,

---

1. Allusion à l'unanimisme*, en particulier sous sa forme dramatiste*; 2. Ces déclarations ont fort déplu aux jeunes écrivains, en particulier aux dadaïstes. Beaucoup reprochaient à l'engagé volontaire son chauvinisme. Breton fut « consterné » dit-il, « par cet appel à l'ordre, au bon sens, à un prétendu devoir national ».

─── ■ QUESTIONS ───

● A propos de ces *machines filles de l'homme* (ligne 66), Apollinaire déclare dans la Préface des *Mamelles de Tirésias* : « Quand l'homme a voulu imiter la marche, il a créé la roue, qui ne ressemble pas à une jambe. Il a fait ainsi du surréalisme sans le savoir. » Montrez que cette phrase définit l'essence de l'Esprit nouveau, tel que le conçoit Apollinaire, et que le mot *surréalisme* n'a pas ici le sens que lui ont donné Breton et Soupault.

vivent une vie dont les passions et les sentiments sont absents, et cela ne serait pas nouveau!

70 Les savants scrutent sans cesse de nouveaux univers qui se découvrent à chaque carrefour de la matière, et il n'y aurait rien de nouveau sous le soleil! Pour le soleil, peut-être. Mais pour les hommes!

[...] Les fables s'étant pour la plupart réalisées et au-delà, c'est au poète d'en imaginer des nouvelles, que les inven-
75 teurs puissent à leur tour réaliser [...]. C'est que poésie et création ne sont qu'une même chose; on ne doit appeler poète que celui qui invente, celui qui crée, dans la mesure où l'homme peut créer. Le poète est celui qui découvre de nouvelles joies, fussent-elles pénibles à supporter[1]. On
80 peut être poète dans tous les domaines : il suffit que l'on soit aventureux et que l'on aille à la découverte. Le domaine le plus riche, le moins connu, celui dont l'étendue est infinie, étant l'imagination, il n'est pas étonnant que l'on ait réservé plus particulièrement le nom de poète à ceux
85 qui cherchent les joies nouvelles qui jalonnent les énormes espaces imaginatifs[2].

Le moindre fait est pour le poète le postulat, le point de départ d'une immensité inconnue où flambent les feux de joie des significations multiples.

90 [...] Le poète d'aujourd'hui ne méprise aucun mouvement de la nature, et son esprit poursuit la découverte aussi bien dans les synthèses les plus vastes et les plus insaisissables : foules, nébuleuses, océans, nations, que dans les faits en apparence les plus simples : une main
95 qui fouille une poche, une allumette qui s'allume par le frottement, des cris d'animaux, l'odeur du jardin après la pluie, une flamme qui naît dans un foyer. Les poètes ne sont pas seulement les hommes du beau. Ils sont encore et surtout les hommes du vrai, en tant qu'il permet de péné-
100 trer dans l'inconnu, si bien que la surprise, l'inattendu, est un des principaux ressorts de la poésie d'aujourd'hui. Et qui oserait dire que, pour ceux qui sont dignes de la joie, ce qui est nouveau ne soit pas beau ? Les autres se chargeront vite d'avilir cette nouveauté su-
105 blime, après quoi, elle pourra entrer dans le domaine de la raison, mais seulement dans les limites où le poète, seul

---

1. Voir « le Brasier », vers 41 et 42; 2. Voir Breton : « Ce n'est pas la crainte de la folie qui nous forcera à laisser en berne le drapeau de l'imagination. »

dispensateur du beau et du vrai, en aura fait la proposition.

Le poète, par la nature même de ces explorations, est
isolé dans le monde nouveau, où il entre le premier, et la
110 seule consolation qu'il lui reste, c'est que les hommes, fina-
lement, ne vivant que de vérités, malgré les mensonges
dont ils les matelassent, il se trouve que le poète seul nourrit
la vie où l'humanité trouve cette vérité. C'est pourquoi les
poètes modernes sont avant tout les poètes de la vérité
115 toujours nouvelle [...].

Ceux qui ont imaginé la fable d'Icare, si merveilleuse-
ment réalisée aujourd'hui, en trouveront d'autres. Ils vous
entraîneront toujours vivants et éveillés dans le monde
nocturne et fermé des songes[1]. Dans les univers qui pal-
120 pitent ineffablement au-dessus de nos têtes. Dans ces uni-
vers plus proches et plus lointains de nous qui gravitent
au même point de l'infini que celui que nous portons en
nous. Et plus de merveilles que celles qui sont nées depuis
la naissance des plus anciens d'entre nous, feront pâlir
125 et paraître puériles les inventions contemporaines dont
nous sommes si fiers.

Les poètes enfin seront chargés de donner par les téléo-
logies[2] lyriques et les alchimies archilyriques un sens tou-
jours plus pur à l'idée divine qui est en nous si vivante, si
130 vraie, qui est ce perpétuel renouvellement de nous-mêmes,
cette création éternelle, cette poésie sans cesse renaissante
dont nous vivons[3].

Les poètes modernes sont donc des créateurs, des inven-
teurs et des prophètes; ils demandent qu'on examine ce
135 qu'ils disent pour le plus grand bien de la collectivité à
laquelle ils appartiennent [...].

Et, par la vérité et par la joie qu'ils répandent, ils rendent
cette civilisation, sinon assimilable à quelque nation que
ce soit, du moins suprêmement agréable à toutes.
140 L'esprit nouveau est avant tout ennemi de l'esthétisme
des formules et de tout snobisme. Il ne lutte point contre
quelque école que ce soit, car il ne veut pas être une école,
mais un des grands courants de la littérature englobant

---

1. Cette phrase rappelle les romantiques allemands et Nerval, et annonce le sur-
réalisme; 2. *Téléologie* : en philosophie, étude de la finalité; dernier degré de la science
de la notion chez Hegel. Apollinaire veut, sans doute, parler de la marche incessante
dans le domaine infini de l'imagination; 3. Même s'il y a un sourire derrière le voca-
bulaire, Apollinaire exprime sa pensée dans cette définition de l' « idée divine ».

toutes les écoles, depuis le symbolisme et le naturisme*. Il
145 lutte pour le rétablissement de l'esprit d'initiative, pour la
claire compréhension de son temps et pour ouvrir des
vues nouvelles sur l'univers extérieur et intérieur qui ne
soient point inférieures à celles que les savants de toutes
catégories découvrent chaque jour et dont ils tirent des
150 merveilles.

Peut-on forcer la poésie à se cantonner hors de ce qui
l'entoure, à méconnaître la magnifique exubérance de vie
que les hommes par leur activité ajoutent à la nature et qui
permet de machiner le monde de la façon la plus incroyable?
155 Les poètes veulent dompter la prophétie [...], ils veulent
enfin un jour machiner la poésie comme on a machiné le
monde. Ils veulent être les premiers à fournir un lyrisme
tout neuf à ces nouveaux moyens d'expression qui ajoutent
à l'art le mouvement et qui sont le phonographe et le cinéma.
160 Ils n'en sont encore qu'à la période des incunables. Mais
attendez, les prodiges parleront d'eux-mêmes [...].

─────── **QUESTIONS** ───────

● Croyez-vous que la phrase contenue dans les lignes 144-150 justifie
la critique de Breton : « Pour comble de dérision, il prétendait modeler
les rêves sur ceux des mathématiciens. » Ne s'agit-il pas plutôt de faire
faire à la poésie dans sa voie propre des découvertes aussi remarquables
que les découvertes scientifiques?

● Donnez-vous raison à Pascal Pia lorsqu'il critique les lignes 155-161 :
« La religion du progrès qui inspire confusément ce genre de pétitions
aura toujours quelque chose de consternant. Ni la qualité de la poésie
ni le prix qu'on y attache ne sauraient dépendre des techniques. Peu
importe que l'invention de Gutenberg se soit produite entre Rutebeuf
et Villon; elle n'a pas fait défaut à la poésie du premier, et, malgré
la typographie, le second ne s'est pas soucié de « machiner » la sienne. »
Ne pensez-vous pas que, si l'essentiel est évidemment le génie de l'ar-
tiste, les nouveaux moyens techniques dont parle Apollinaire offrent
des possibilités pour des œuvres non pas plus belles que les anciennes,
mais différentes et adaptées à leur temps?

■ Sur l'ensemble relatif à l'Esprit nouveau. — Dans la position
d'Apollinaire, soulignez la présence conjuguée de l'Ordre et de l'Aven-
ture. Y a-t-il là un lâche compromis ou, au contraire, un sage équilibre?

■ Sur l'ensemble des textes illustrant les idées esthétiques d'Apol-
linaire. — Montrez l'accord profond sur l'essentiel entre les Chro-
niques d'art et la conférence sur l'Esprit nouveau. En particulier, mon-
trez qu'il n'y a pas d'opposition radicale entre ces deux phrases : *Les
vertus plastiques* [...] *maintiennent sous leurs pieds la nature terrassée* et
L'esprit nouveau est tout étude de la nature intérieure et extérieure.

ALCOOLS

ZONE

Publié en décembre 1912 dans la revue *les Soirées de Paris* et
d'abord intitulé « Cri » sur les épreuves, ce poème, le plus récent
du recueil, a été mis en tête de ce dernier pour renforcer l'impression
de modernisme.

Le titre nouveau peut s'expliquer de diverses manières : le poème
inachevé aurait été lu à Etival, dans le Jura, près d'une zone franche,
et Apollinaire se serait amusé à lui donner ce titre mystificateur.
Il s'agit plutôt de la bande de terrains vagues qui entouraient
alors les fortifications de Paris. M. Décaudin pense qu'Apolli-
naire a pu « être attiré par l'*aura* de ce mot, indétermination,
évocation de misère, voire image de la boucle fermée, de retour
au point de départ ». Sur la comparaison de « Zone » et de
« Pâques à New-York » de Cendrars, voir M.-J. Durry (ouvrage
cité, tome I).

A la fin tu[1] es las de ce monde ancien[2]

Bergère ô tour Eiffel le troupeau des ponts bêle ce matin

Tu en as assez de vivre dans l'antiquité grecque et romaine

Ici même les automobiles ont l'air d'être anciennes
5 La religion seule est restée toute neuve la religion
Est restée simple comme les hangars de Port-Aviation[3]

Seul en Europe tu n'es pas antique ô Christianisme[4]
L'Européen le plus moderne c'est vous Pape Pie X
Et toi que les fenêtres observent la honte te retient
10 D'entrer dans une église et de t'y confesser ce matin
Tu lis les prospectus les catalogues les affiches qui chantent
tout haut

---

1. Le poète s'adresse à lui-même; 2. Ce premier vers exprime une des idées fonda-
mentales d'Apollinaire : le besoin de créer de la nouveauté; et le deuxième en
donne un exemple à la fois par l'appel à cette architecture d'ingénieur, qui fait
son apparition dans la peinture de Chagall, de Delaunay, de La Fresnaye, et par
l'audace de la métaphore : passage de l'impression visuelle, vraisemblable (un
pont ressemble à un mouton qui paît), à l'impression auditive, illogique (un pont
qui bêle), même s'il s'agit en fait de la sirène des remorqueurs; 3. L'architecture
industrielle moderne et fonctionnelle; 4. Apparition du thème religieux au milieu
du thème moderniste : bien que les « modernistes », au sens religieux du terme
(condamnés par le pape Pie X en 1907), aient affirmé que le catholicisme devait
évoluer pour s'adapter à l'esprit moderne, le vers 8 n'est pas ironique; il découle
de cette idée implicite : ce qui touche à l'éternel est toujours actuel. Notez aussi
le désarroi du poète, qui voudrait soulager son cœur par la confession.

Voilà la poésie ce matin et pour la prose il y a les journaux
Il y a les livraisons à 25 centimes pleines d'aventures
policières¹
Portraits des grands hommes et mille titres divers²

15 J'ai vu ce matin une jolie rue dont j'ai oublié le nom
Neuve et propre du soleil elle était le clairon³
Les directeurs les ouvriers et les belles sténo-dactylographes
Du lundi matin au samedi soir quatre fois par jour y passent
Le matin par trois fois la sirène y gémit
20 Une cloche rageuse y aboie vers midi
Les inscriptions des enseignes et des murailles
Les plaques les avis à la façon des perroquets criaillent
J'aime la grâce de cette rue industrielle
Située à Paris entre la rue Aumont-Thiéville⁴ et l'avenue
des Ternes

25 Voilà la jeune rue⁵ et tu n'es encore qu'un petit enfant
Ta mère ne t'habille que de bleu et de blanc⁶
Tu es très pieux et avec le plus ancien de tes camarades
René Dalize⁷

---

1. Aucune ironie dans ce vers qui rend compte de la réalité quotidienne; 2. Apollinaire semble surtout charmé par cette « diversité » des colonnes d'un journal qui devient ainsi une sorte de poème simultané; 3. Correspondance à la manière baudelairienne, mais audacieuse dans sa formulation; 4. Cette rue se trouve au nord-ouest de Paris, près de la porte Champerret (XVIIᵉ), de même que l'avenue des Ternes; 5. *Jeune rue :* une association d'idées fait passer de cette rue industrielle à la rue où il se promenait enfant, inséparable pour lui de l'idée de jeunesse; 6. Comme les enfants voués à la Vierge; le thème religieux réapparaît et envahit cette évocation du passé; 7. *René Dalize :* de son vrai nom, René Dupuy. Guillaume Apollinaire et lui se connaissaient depuis 1892, époque où tous deux étaient élèves de sixième au collège Saint-Charles à Monaco; R. Dalize sera tué le 7 mai 1917, à l'attaque de la ferme de Cogne-le-Vent; Apollinaire lui dédiera le recueil de *Calligrammes* l'année suivante.

━━━━ QUESTIONS ━━━━

● Vers 1-14. Montrez que le début du poème annonce certains des thèmes que le poète va ensuite développer et parfois enchevêtrer; quelles sont les composantes du désir de nouveauté chez Apollinaire ici? — La parenté d'inspiration entre le poète et certains peintres, ses contemporains et ses amis.

● Vers 15-24. Bien des lecteurs ne sont-ils pas surpris par le mot *grâce* (vers 23), venant après les termes *aboie, criaillent?* Montrez que réagir ainsi est faire preuve d'un goût esthétique traditionnel, qu'Apollinaire estime dépassé. — Quelle importance ont les éléments quotidiens dans l'inspiration poétique et quelle valeur prennent-ils, d'après les vers 11-24?

Vous n'aimez rien tant que les pompes de l'Église
Il est neuf heures le gaz est baissé tout bleu[1] vous sortez
    du dortoir en cachette
30 Vous priez toute la nuit dans la chapelle du collège[2]
Tandis qu'éternelle et adorable profondeur améthyste[3]
Tourne à jamais la flamboyante gloire du Christ[4]
C'est le beau lys que tous nous cultivons
C'est la torche aux cheveux roux que n'éteint pas le vent
35 C'est le fils pâle et vermeil de la douloureuse mère
C'est l'arbre toujours touffu de toutes les prières
C'est la double potence de l'honneur et de l'éternité
C'est l'étoile à six branches
C'est Dieu qui meurt le vendredi et ressuscite le dimanche
40 C'est le Christ qui monte au ciel mieux que les aviateurs[5]
Il détient le record du monde pour la hauteur

Pupille Christ de l'œil
Vingtième pupille des siècles il sait y faire[6]
Et changé en oiseau ce siècle comme Jésus monte dans l'air
45 Les diables dans les abîmes lèvent la tête pour le regarder
Ils disent qu'il imite Simon Mage[7] en Judée
Ils crient s'il sait voler qu'on l'appelle voleur[8]
Les anges voltigent autour du joli voltigeur

---

1. *Tout bleu* peut qualifier à la fois le *gaz* baissé et *vous*, qui, ensuite, désigne les enfants (voir vers 26); 2. Il s'agit du *collège* Saint-Charles de Monaco; 3. *L'améthyste* est une pierre mauve. *Améthyste* est ici employé comme adjectif de *couleur* qualifiant *profondeur*; ce nom et ses trois qualificatifs caractérisent la *flamboyante gloire du Christ*, sujet de *Tourne*; 4. Dans ce vers, il s'agit peut-être de l'auréole du Christ (dont la forme est suggérée par le sens du verbe) sur une peinture ou une sculpture, ou d'un ostensoir en forme de soleil (ce qui expliquerait *flamboyante*); 5. Ici, fusion des thèmes religieux et moderniste. Apollinaire était passionné d'aviation; 6. Ces deux vers sont obscurs : peut-être s'agit-il de l'hostie *(la pupille)* au centre du cercle vitré *(l'œil)* de l'ostensoir; peut-être y a-t-il un jeu de mots : Christ de l'œil-cristallin. Au vers suivant, le mot *pupille* a-t-il le même sens ou bien faut-il comprendre que ce siècle est la pupille de ses aînés? 7. *Simon Mage* voulut acheter à saint Pierre le don de faire des miracles; il vivait en Samarie, non en Judée; 8. Il y a là, sans doute, un jeu de mots sur *vol* (essor et larcin) en liaison avec la notion de « simonie ».

━━━━━━━━ **QUESTIONS** ━━━━━━━━━━━━━━━━━━━━━━━━

● Vers 25-40. Comment s'introduit ce nouveau thème? Pourquoi ce rappel de son enfance par le poète? — Dans cette litanie poétique, étudiez le jeu des lumières et des couleurs, des formes et des mouvements. Précisez la tonalité affective de ce tableau. Montrez son importance, pour permettre le contraste avec l'effet final du poème.

Icare[1] Énoch[2] Élie[3] Apollonius de Thyane[4]
50 Flottent autour du premier aéroplane
Ils s'écartent parfois pour laisser passer ceux que transporte
    la Sainte-Eucharistie
Ces prêtres qui montent éternellement élevant l'hostie
L'avion se pose enfin sans refermer les ailes
Le ciel s'emplit alors de millions d'hirondelles
55 A tire-d'aile viennent les corbeaux les faucons les hiboux
D'Afrique arrivent les ibis les flamants les marabouts
L'oiseau Roc célébré par les conteurs et les poètes[5]
Plane tenant dans les serres le crâne d'Adam la première
    tête[6]
L'aigle fond de l'horizon en poussant un grand cri
60 Et d'Amérique vient le petit colibri
De Chine sont venus les pihis longs et souples[7]
Qui n'ont qu'une seule aile et qui volent par couples
Puis voici la colombe esprit immaculé[8]
Qu'escortent l'oiseau-lyre et le paon ocellé
65 Le phénix ce bûcher qui soi-même s'engendre
Un instant voile tout de son ardente cendre
Les sirènes[9] laissant les périlleux détroits

---

1. *Icare :* personnage mythologique, il s'éleva dans les airs grâce à des ailes collées à son corps par de la cire. S'étant approché trop près du soleil, il tomba dans la mer; **2.** *Enoch :* fils de Caïn, connut la même ascension qu'Élie; **3.** *Élie :* prophète juif au temps d'Achab et de Jézabel, qui fut enlevé dans un char de feu; **4.** *Apollonius de Thyane :* philosophe néopythagorien du Ier siècle après J.-C.; il avait la réputation d'être un magicien; **5.** En particulier, dans les *Mille et Une Nuits;* **6.** On représente souvent le crâne du premier homme au pied du Calvaire, pour évoquer la rédemption du père de l'humanité; **7.** Michel Décaudin signale que, dans le *Journal asiatique* de 1896, la curiosité d'Apollinaire a trouvé le nom de ces oiseaux *Qui n'ont qu'une aile et qui doivent voler par couples.* En revanche, les deux belles épithètes *longs et souples* sont de l'invention poétique d'Apollinaire; **8.** Dans la symbolique chrétienne, la *colombe* représente l'Esprit Saint; **9.** Apollinaire semble assimiler les *sirènes* aux trois Parques, et il en fait des oiseaux selon la conception homérique.

━━━━━ QUESTIONS ━━━━━

● VERS 40-70. Montrez que les vers 40-41, tout en appartenant à la strophe précédente, préparent le passage des vers 42-70. — Malgré certaines expressions plaisamment familières (vers 41-43) et des jeux de mots, croyez-vous que cette « ascension » de l'avion soit une parodie antireligieuse? — Étudiez dans ce tableau le mélange de certaines peintures de primitifs chrétiens et de toiles de Chagall. — Montrez la variété stylistique dans la présentation de l'arrivée des oiseaux? Pourquoi cette variété est-elle nécessaire? — Pourquoi, à des vers irréguliers, Apollinaire, à partir du vers 59, fait-il succéder des alexandrins? — Montrez que, dans les 70 premiers vers, les divers éléments s'unissent pour donner une impression d'espoir, de confiance, de concorde.

Arrivent en chantant bellement toutes trois
Et tous aigle phénix et pihis de la Chine
70 Fraternisent avec la volante machine[1]

Maintenant[2] tu marches dans Paris tout seul parmi la foule
Des troupeaux d'autobus mugissants près de toi roulent
L'angoisse de l'amour te serre le gosier
Comme si tu ne devais jamais plus être aimé
75 Si tu vivais dans l'ancien temps tu entrerais dans un
   monastère[3]
Vous avez honte quand vous vous surprenez à dire une
   prière
Tu te moques de toi et comme le feu de l'Enfer[4] ton rire
   pétille
Les étincelles de ton rire dorent le fond de ta vie[5]
C'est un tableau pendu dans un sombre musée
80 Et quelquefois tu vas le regarder de près

Aujourd'hui tu marches dans Paris les femmes sont
   ensanglantées
C'était et je voudrais ne pas m'en souvenir c'était au déclin
   de la beauté

Entourée de flammes ferventes Notre-Dame m'a regardé
   à Chartres
Le sang de votre Sacré-Cœur m'a inondé à Montmartre

---

1. Cette ascension moderniste est certes une fantaisie de l'imagination poétique, mais elle correspond à une idée profonde d'Apollinaire. En rêvant prophétiquement ce que les ingénieurs réaliseront ensuite techniquement, les poètes, les créateurs de mythes dirigent l'évolution de l'humanité (voir page 32, ligne 73); 2. Rupture brusque et début d'une nouvelle séquence; le thème personnel reparaît, non plus les souvenirs de jadis, mais l'actuelle marche solitaire du poète en proie à une grande déception sentimentale : Marie Laurencin a rompu avec lui durant l'été 1912; 3. Il est frappant de constater qu'en 1916, dans sa dernière lettre à celle qui avait été sa fiancée, Apollinaire dira : « Si je m'écoutais, je me ferais prêtre ou religieux... »; 4. Le poète reproche aux autres et à lui-même cette mauvaise honte qui a quelque chose de diabolique; 5. Il y a plus qu'un jeu de correspondances auditive et visuelle : l'évocation poétique d'une expérience psychologique qui est la prise de conscience, dans l'épreuve, de sa personnalité et de sa destinée.

— QUESTIONS —

● Vers 71-80. Importance du contraste entre les vers 70 et 71. — Un poète romantique peint-il l'aspect physiologique de la douleur sentimentale et morale (à part les larmes)? Étudiez à ce point de vue le vers 73. — Vers 77-80 : caractérisez la tonalité affective de ce nouvel effet lumineux et comparez avec les vers 28-40. — Quel est l'effet produit par la dégradation des rimes en assonances?

85 Je suis malade d'ouïr les paroles bienheureuses[1]
  L'amour dont je souffre est une maladie honteuse
  Et l'image qui te possède te fait survivre dans l'insomnie et
    dans l'angoisse
  C'est toujours près de toi cette image qui passe

  Maintenant tu es au bord de la Méditerranée[2]
90 Sous les citronniers qui sont en fleur toute l'année
  Avec tes amis tu te promènes en barque
  L'un est Nissard il y a un Mentonasque et deux Turbiasques
  Nous regardons avec effroi les poulpes des profondeurs
  Et parmi les algues nagent les poissons images du Sauveur[3]

95 Tu es dans le jardin d'une auberge aux environs de Prague
  Tu te sens tout heureux une rose est sur la table
  Et tu observes au lieu d'écrire ton conte en prose
  La cétoine[4] qui dort dans le cœur de la rose

  Épouvanté tu te vois dessiné dans les agates de Saint-Vit[5]
100 Tu étais triste à mourir le jour où tu t'y vis
  Tu ressembles au Lazare affolé par le jour
  Les aiguilles de l'horloge du quartier juif vont à rebours
  Et tu recules aussi dans ta vie lentement[6]
  En montant au Hradchin[7] et le soir en écoutant
105 Dans les tavernes chanter des chansons tchèques

---

1. Ces paroles sont ou bien les paroles d'un amour humain, qui promettent le bonheur mais sont menteuses (ce qui explique aisément *malade*), ou bien, en liaison avec ce qui précède, les paroles surnaturelles, qui promettent la béatitude dans un amour divin préféré à l'amour humain. Mais à la différence de Verlaine, Apollinaire refuse d'obéir à cet appel, qui devient alors un reproche, d'où : *malade* et, plus loin, *honteuse*. Cette seconde interprétation semble mieux convenir à ce passage, mais elle trouve peu d'échos dans le reste de l'œuvre d'Apollinaire. Ces vers ne figurent d'ailleurs pas dans le brouillon (où, en revanche, on lit pour le vers 119 : *Je n'ose pas regarder la croix*); 2. Rupture brusque, due, peut-être, au désir de chasser cette *image* obsédante. Ce défilé de souvenirs est au présent, car la mémoire ressuscite le passé; 3. Les initiales de l'expression grecque « Jésus-Christ fils de Dieu Sauveur » forment le mot grec *ichtus*, qui signifie « poisson »; 4. *Cétoine* : insecte vert doré qui vit sur les roses et s'en nourrit; 5. Dans la cathédrale de Prague, il crut voir une figure folle dessinée par les veinures d'une pierre précieuse, et il lui sembla que cette figure était son portrait; 6. Il évoquait des souvenirs sans y prendre garde. Le détail curieux du vers 102 lui fait prendre conscience de ce qu'il est en train de faire. Tout ce développement se moule sur la vie psychologique; 7. *Hradchin* (ou *Hradschin*) : château royal de Prague, sur la rive gauche de la Moldau.

■ QUESTIONS ■

● VERS 81-88. Comparez les vers 83-84 aux vers 31-39. — Commentez les deux variantes du vers 87 : *sourire* et *survivre*.

Te voici à Marseille au milieu des pastèques

Te voici à Coblence à l'hôtel du Géant

Te voici à Rome assis sous un néflier du Japon

Te voici à Amsterdam avec une jeune fille que tu trouves
    belle et qui est laide
110 Elle doit se marier avec un étudiant de Leyde
On y loue des chambres en latin Cubicula locanda
Je m'en souviens j'y ai passé trois jours et autant à Gouda[1]

Tu es à Paris chez le juge d'instruction[2]
Comme un criminel on te met en état d'arrestation

115 Tu as fait de douloureux et de joyeux voyages
Avant de t'apercevoir du mensonge et de l'âge
Tu as souffert de l'amour à vingt et à trente ans[3]
J'ai vécu comme un fou et j'ai perdu mon temps[4]
Tu n'oses plus regarder tes mains[5] et à tous moments je
    voudrais sangloter
120 Sur toi sur celle que j'aime sur tout ce qui t'a épouvanté

Tu regardes les yeux pleins de larmes ces pauvres émigrants
Ils croient en Dieu[6] ils prient les femmes allaitent des
    enfants
Ils emplissent de leur odeur le hall de la gare Saint-Lazare[7]
Ils ont foi dans leur étoile comme les rois-mages

---

1. *Gouda* : ville des Pays-Bas, sur l'IJsel ; 2. Souvenir de son inculpation dans l'affaire du vol de statuettes au Louvre (voir Résumé chronologique, p. 5) ; 3. Le poète — âgé de trente-deux ans, lorsqu'il compose ce poème — est encore sous le coup de la rupture que lui a signifiée Marie Laurencin ; de même que, environ dix ans avant, en 1904, il a été repoussé par Annie Playden ; 4. Le brouillon employait partout la première personne. Ici, le passage du *je* au *tu* est dramatique. Le poète reconnaît que le reproche de sa conscience est fondé et le fait sien ; 5. La version primitive du poème portait, à la place de *tes mains, la croix ;* 6. Le thème religieux réapparaît brusquement, mais il est ici étranger au poète : il s'agit de la foi des émigrants ; 7. Pendant un certain temps, Apollinaire vécut avec sa mère au Vésinet, à l'ouest de Paris, où il rentrait en prenant le train à la gare Saint-Lazare.

QUESTIONS

● VERS 89-120. Étudiez le contraste de tonalité et de rythme entre les vers 88 et 89. — Dans la *Nuit d'octobre*, Musset fait également une énumération de souvenirs ; comparez les deux textes au point de vue du traitement artistique (choix des détails, construction intellectuelle du passage). — Pourquoi *je voudrais* (vers 119) ?

125 Ils espèrent gagner de l'argent dans l'Argentine
    Et revenir dans leur pays après avoir fait fortune
    Une famille transporte un édredon rouge[1] comme vous
        transportez votre cœur
    Cet édredon et nos rêves sont aussi irréels
    Quelques-uns de ces émigrants restent ici et se logent
130 Rue des Rosiers ou rue des Écouffes[2] dans des bouges
    Je les ai vus souvent le soir ils prennent l'air dans la rue
    Et se déplacent rarement comme les pièces aux échecs
    Il y a surtout des Juifs leurs femmes portent perruque
    Elles restent assises exsangues au fond des boutiques

135 Tu es debout devant le zinc d'un bar crapuleux
    Tu prends un café à deux sous parmi les malheureux

    Tu es la nuit dans un grand restaurant

    Ces femmes ne sont pas méchantes elles ont des soucis
        cependant
    Toutes même la plus laide a fait souffrir son amant[3]
140 Elle est la fille d'un sergent de ville de Jersey

    Ses mains que je n'avais pas vues sont dures et gercées

    J'ai une pitié immense pour les coutures de son ventre

    J'humilie maintenant à une pauvre fille au rire horrible
        ma bouche

    Tu es seul[4] le matin va venir[5]
145 Les laitiers font tinter leurs bidons dans les rues

    La nuit s'éloigne ainsi qu'une belle métive[6]
    C'est Ferdine la fausse ou Léa l'attentive

---

1. Cet objet et sa couleur donnent une impression d'insolite à la fois vaguement ridicule et pathétique. Apollinaire gardait fidèlement l'édredon que lui avait donné sa mère; 2. La *rue des Rosiers* et la *rue des Ecouffes* se trouvent au centre de Paris, dans le quartier de l'Hôtel de Ville, où se regroupent traditionnellement des émigrants juifs; 3. L'horreur ici est envahie par la pitié; 4. Dans un réflexe de répulsion, le poète chasse ses souvenirs et pense à sa situation présente; 5. Le matin est le moment des élans confiants vers l'avenir; mais ici, l'espérance est morte devant la souffrance du poète et de tant de malheureux; 6. Vieille forme de *métisse*.

■ QUESTIONS

● VERS 121-143. Alors que les rimes se succèdent depuis une dizaine de vers, pourquoi le poète utilise-t-il maintenant l'assonance? — Étudiez la fin des vers 131 à 134. Quel est l'effet produit par les mots *ventre* et *bouche* aux vers 142 et 143?

Et tu bois cet alcool brûlant comme ta vie
Ta vie que tu bois comme une eau-de-vie

150 Tu marches vers Auteuil[1] tu veux aller chez toi à pied
Dormir parmi tes fétiches d'Océanie et de Guinée
Ils sont des Christ d'une autre forme et d'une autre croyance
Ce sont les Christ inférieurs des obscures espérances[2]

Adieu Adieu

155 Soleil cou coupé

1. C'est en octobre 1909 que le poète alla habiter rue Gros, dans le quartier d'Auteuil; 2. Apollinaire fut l'un des premiers artistes qui collectionnèrent des sculptures primitives. Mais ici, il s'agit moins d'esthétique que de croyance : en assimilant les fétiches et les *christs inférieurs*, Apollinaire ne cherche pas à valoriser les religions primitives, mais suggère que le christianisme est, comme elles, un mythe suscité par le besoin d'espérer et donc un rêve irréel (voir vers 88, « la Chanson du Mal-Aimé »). C'est donc l'échec des aspirations religieuses du poème, et le *mal-aimé* sombre dans le désespoir; d'où cette vision de supplice et cette fin brutale comme un couperet : « Le soleil du monde est tranché, le soleil-dieu, non pas le soleil païen, mais le soleil-Christ, le soleil spirituel. Le soleil humain également, car le mot *cou* évoque l'homme, et ce soleil est l'homme aussi. Nous assistons à la chute d'un monde mort, d'une tête tranchée, d'un dieu et de l'homme privé de son dieu. Comment ne pas voir que, d'avance, en même temps que le monde ancien, est condamné le monde moderne que le poète voulait chanter » (Marie-Jeanne Durry).

──────── **QUESTIONS** ────────

●**VERS 144-155.** La fin du poème a connu trois rédactions successives. Voici le brouillon :

Le soleil est là c'est un cou tranché
Comme l'auront peut-être un jour quelques-uns des
          pauvres que j'ai rencontrés
Le soleil me fait peur il répand son sang sur Paris
Mais la lumière est belle et la lumière rit
Je suis malheureux d'amour et le jour et la nuit
Parmi les malheureux du jour et de la nuit.

Et voici la version de 1912 :

Adieu Adieu
Soleil levant cou tranché.

Étudiez les progrès de l'expression poétique.

■ SUR L'ENSEMBLE DU POÈME « ZONE ». — En comparant ce poème à « la Chanson du Mal-Aimé », étudiez l'évolution poétique d'Apollinaire entre 1903 et 1912.

— M. Décaudin écrit que « Zone » placé en tête du recueil est l' « annonce des grands thèmes du livre ». Montrez-le.

— Distinguez dans ce poème ce qui peut être rattaché aux courants poétiques de l'époque : futurisme, simultanéisme, poésie fantaisiste, cosmopolitisme. Montrez aussi la fusion de ces éléments et l'originalité d'Apollinaire en dehors des systèmes.

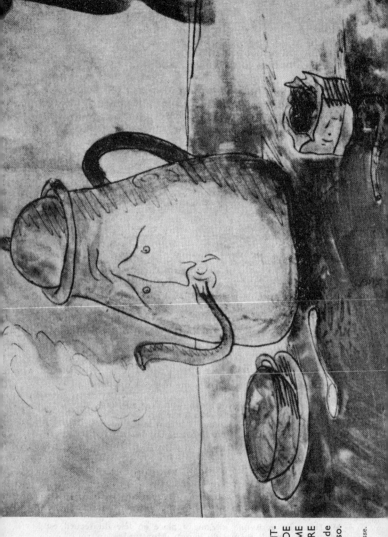

PORTRAIT-
CHARGE DE
GUILLAUME
APOLLINAIRE
Aquarelle de
Picasso.

MARIE
LAURENCIN :
L'ASSEMBLÉE
(tableau de 1909)

—

Première figure
à gauche :
Gertrude Stein.

—

Au centre,
Apollinaire
et, à sa gauche,
Picasso.

—

Assise à droite,
Marie Laurencin.

Phot. Albert. Morancé.

« Sous le pont Mirabeau coule la Seine... »

LE PONT MIRABEAU

Publié en février 1912, c'est le plus célèbre des poèmes d'Apollinaire. Inspiré par le départ de Marie Laurencin, il est la « Chanson triste de cette longue liaison brisée ». La fusion poétique des images, de l'idée et du mouvement fluide des vers le rend parfaitement harmonieux; par sa simplicité, sa pureté, sa valeur humaine, universelle, ce poème est un chef-d'œuvre.

Le pont Mirabeau, dans la partie ouest de Paris, était celui qu'empruntait Apollinaire pour rentrer chez lui à Auteuil (voir le vers 150 de « Zone »).

   Sous le pont Mirabeau coule la Seine
      Et nos amours
     Faut-il qu'il m'en souvienne[1]
   La joie venait toujours après la peine

5   Vienne la nuit sonne l'heure
     Les jours s'en vont je demeure[2]

   Les mains dans les mains restons face à face
      Tandis que sous
     Le pont de nos bras passe
10 Des éternels regards l'onde si lasse

     Vienne la nuit sonne l'heure
     Les jours s'en vont je demeure

   L'amour s'en va comme cette eau courante
   L'amour s'en va
15   Comme la vie est lente
   Et comme l'Espérance est violente

---

1. Primitivement, les vers 2 et 3 de chaque strophe ne formaient qu'un décasyllabe. M. Pierre Souyris montre combien la poésie a gagné au changement :

   Sous le pont Mirabeau coule la Seine.
   Et nos amours, faut-il qu'il m'en souvienne?

« Là des vers claudicants, décousus, fermés par leur ponctuation et de sens univoque; ici (dans la version définitive) un mètre fluide qui tourne sur lui-même à l'image du poème tout entier (mouvement giratoire de la strophe beaucoup plus apte à rendre la fuite de l'eau, du temps et des amours) pendant que l'écho s'en prolonge et que l'esprit peut rêver à loisir sur l'ambiguïté du tour. ». **2.** Mario Roques a rapproché « le Pont Mirabeau » d'une chanson de toile du XIIIe siècle : *Gaieté et Oriour*, où il retrouve le même rythme. (Voir « Nouveaux Classiques Larousse », *Poésie lyrique au Moyen Age*, tome Ier, page 88.) Michel Décaudin a signalé la parenté du second vers du refrain avec ce vers de Villon : « Allé s'en est et je demeure. » (« Le Testament », vers 177.)

Vienne la nuit sonne l'heure
Les jours s'en vont je demeure

Passent les jours et passent les semaines
20   Ni temps passé
    Ni les amours reviennent
Sous le pont Mirabeau coule la Seine

Vienne la nuit sonne l'heure
Les jours s'en vont je demeure

LA CHANSON DU MAL-AIMÉ

Écrit en 1903 (mais sans doute terminé après mai 1904) et publié
en 1909, ce poème est inspiré par le refus d'Annie d'accepter le

─────── **QUESTIONS** ───────

■ Sur l'ensemble du poème « le Pont Mirabeau ». — Comparez
ce poème aux chefs-d'œuvre romantiques : *le Lac, Tristesse d'Olympio,
Souvenir.*
   a) Le choix du décor : lac, vallée, forêt, Seine. Quel est celui qui
convient le mieux au thème central? *b)* Les romantiques cherchent
et trouvent chacun une certaine solution au problème posé par la fuite
du temps. En est-il de même pour Apollinaire? *c)* Comparez les déve-
loppements poétiques; montrez que « le Pont Mirabeau » est purifié
de tout détail secondaire, de toute éloquence.

   — Étudiez la musique du poème : l'effet des rimes féminines et de
la terminaison masculine laissée en suspens au deuxième vers de chaque
strophe, le refrain, le retour du premier vers, les rythmes. (Voir la Docu-
mentation thématique. 1.2.)

   — Montrez que ces effets sonores s'accordent avec le thème, mais
que, loin de se contenter d'une simple harmonie imitative, Apollinaire
cherche aussi une harmonie proprement musicale, c'est-à-dire une
caresse.

   — Approuvez-vous l'interprétation que donne André Rouveyre du
refrain, où il voit « une affirmation de la conservation personnelle » :
« Le poète, dit Rouveyre, au moment même qu'il ranime et recueille
la somme de sa douleur, de sa détresse, ressent sourdement l'avertis-
sement que le temps passe, puis que, dans sa personne, lui-même reste
stable. Cela ne nous paraît pas signifier, principalement alors que l'élégie
finit là-dessus, que la catastrophe où il vient de se trouver si ébranlé
l'aurait sérieusement entamé! »? ou bien estimez-vous que la perma-
nence du moi et la lenteur de la vie (vers 15) ne font que souligner doulou-
reusement la fuite des jours de bonheur?

mariage. L. C. Breunig a montré qu'il est formé de « morceaux distincts et composés séparément». (« La Table ronde », sept. 1952.)

A Paul Léautaud[1].

Et je chantais cette romance
En 1903 sans savoir
Que mon amour a la semblance
Du beau Phénix s'il meurt un soir
Le matin voit sa renaissance[2].

Un soir de demi-brume à Londres[3]
Un voyou qui ressemblait à
Mon amour vint à ma rencontre
Et le regard qu'il me jeta
5   Me fit baisser les yeux de honte[4]

Je suivis ce mauvais garçon
Qui sifflotait mains dans les poches
Nous semblions entre les maisons
Onde ouverte de la mer Rouge
10   Lui les Hébreux moi Pharaon

Que tombent ces vagues de briques
Si tu ne fus pas bien aimée
Je suis le souverain d'Egypte
Sa sœur-épouse[5] son armée
15   Si tu n'es pas l'amour unique

Au tournant d'une rue brûlant
De tous les feux de ses façades[6]
Plaies du brouillard sanguinolent
Où se lamentaient les façades
20   Une femme lui ressemblant

---

1. *Paul Léautaud* (1872-1956), écrivain français, qui avait publié en 1900, avec Van Bever, une anthologie, *les Poètes d'aujourd'hui*; il devait, à partir de 1908, tenir le secrétariat de la rédaction du *Mercure de France*; 2. Allusion à son amour pour Marie Laurencin, qui commence en 1908; 3. Il s'agit sans doute du voyage à Londres de novembre 1903; 4. Rapprochez de « Zone », vers 86; 5. La Bible ne parle pas de consanguinité pour l'épouse de Pharaon, mais les mariages consanguins étaient chose courante chez les Pharaons; 6. Cette vision du paysage urbain est imprégnée de la douleur du poète. Notez l'audace croissante des images : les lumières des fenêtres sont d'abord qualifiées de *feux*, puis, formant des trouées rougeoyantes dans le brouillard, de *plaies* : par ce mot, on arrive à parler d'une façade qui *se lamente*, cette dernière image n'ayant plus grand support dans la réalité extérieure.

C'était son regard d'inhumaine
La cicatrice à son cou nu
Sortit saoule d'une taverne
Au moment où je reconnus
25   La fausseté de l'amour même

Lorsqu'il fut de retour enfin
Dans sa patrie le sage Ulysse
Son vieux chien de lui se souvint
Près d'un tapis de haute lisse
30   Sa femme attendait qu'il revînt

L'époux royal de Sacontale[1]
Las de vaincre se réjouit
Quand il la retrouva plus pâle
D'attente et d'amour yeux pâlis
35   Caressant sa gazelle mâle

J'ai pensé à ces rois heureux
Lorsque le faux amour et celle
Dont je suis encore amoureux
Heurtant[2] leurs ombres infidèles
40   Me rendirent si malheureux

Regrets sur quoi l'enfer se fonde[3]
Qu'un ciel d'oubli s'ouvre à mes vœux
Pour son baiser les rois du monde
Seraient morts les pauvres fameux
45   Pour elle eussent vendu leur ombre

1. Après les souvenirs de l'*Odyssée*, ceux d'un célèbre drame hindou de Kalidasa (Ve siècle après J.-C.). La fidélité de *Sacontale* (Çakuntala), répudiée par le roi Dushmanta, lui valut de reconquérir l'amour du roi ; 2. On aurait attendu *unissant* ; rapprochez de *confondu*, vers 56 ; ce mot *heurtant* peut s'expliquer par suite de la démarche saccadée de la femme ivre, mais surtout trouve une justification, illogique mais poétique, dans le fait que le poète reçoit un choc devant cette infidélité ; 3. La souffrance de l'enfer vient du regret de la béatitude dont on est exclu. Par contraste, le simple oubli apparaît comme paradisiaque : *ciel d'oubli*.

──────── QUESTIONS ────────

● Vers 1-25. Pensez-vous qu'il y ait ici une allusion à un épisode réel du premier voyage à Londres? Ou que, pour symboliser un refus ressenti comme une trahison, Apollinaire crée une sorte de « mythe »?

● Vers 26-40. Après la simplicité grecque de la strophe précédente, quelle impression produit le vers 31? — Effet de la succession de *pâle*, *pâlis*, *mâle* (vers 33-35), qui se ressemblent soit par le son, soit par le sens.

J'ai hiverné dans mon passé
Revienne le soleil de Pâques[1]
Pour chauffer un cœur plus glacé
Que les quarante de Sébaste[2]
50 Moins que ma vie martyrisés

Mon beau navire ô ma mémoire
Avons-nous assez navigué
Dans une onde mauvaise à boire
Avons-nous assez divagué
55 De la belle aube au triste soir

Adieu faux amour confondu
Avec la femme qui s'éloigne
Avec celle que j'ai perdue
L'année dernière en Allemagne
60 Et que je ne reverrai plus

Voie lactée ô sœur lumineuse
Des blancs ruisseaux de Chanaan[3]
Et des corps blancs des amoureuses
Nageurs morts suivrons-nous d'ahan
65 Ton cours vers d'autres nébuleuses

Je me souviens d'une autre année
C'était l'aube d'un jour d'avril
J'ai chanté ma joie bien-aimée
Chanté l'amour à voix virile
70 Au moment d'amour de l'année

---

1. La chaleur du printemps est la promesse de la Résurrection; 2. *Sébaste* : quarante soldats chrétiens de cette ville d'Arménie furent martyrisés par exposition sur un étang glacé; 3. *Chanaan* : terre promise où, dit la Bible, « ruissellent le lait et le miel ». On se contente trop souvent de savourer l'envoûtement de cette strophe, la douceur de sa mélodie, la richesse des suggestions sensibles *(lactée, lumineuse, blancs ruisseaux, corps blancs)* et sentimentales *(sœurs, amoureuses)*, et leur fusion dans une ambiance paradisiaque. Il faut aussi comprendre le sens des deux derniers vers : malgré leurs efforts *(d'ahan)*, impossibilité pour les hommes qui sont des *nageurs morts* de suivre cette promesse de bonheur qui fuit, loin de la terre.

QUESTIONS

● VERS 41-70. Quel est l'intérêt de l'accouplement des mots *navigué, divagué?* — L'inversion *(Avons-nous...)* dans la strophe 51-55 vous semble-t-elle, d'après le contexte, équivaloir à une exclamation ou à une affirmation? — Montrez l'effet de surprise produit par la strophe 61-65.

AUBADE[1]
CHANTÉE À LAETARE[2] UN AN PASSÉ

C'est le printemps viens-t'en Pâquette
Te promener au bois joli
Les poules dans la cour caquètent
L'aube au ciel fait de roses plis
75   L'amour chemine à ta conquête

Mars et Vénus sont revenus
Ils s'embrassent à bouches folles
Devant des sites ingénus
Où sous les roses qui feuillolent[3]
80   De beaux dieux roses dansent nus

Viens ma tendresse est la régente[4]
De la floraison qui paraît
La nature est belle et touchante
Pan sifflote dans la forêt
85   Les grenouilles humides chantent

Beaucoup de ces dieux ont péri[5]
C'est sur eux que pleurent les saules
Le grand Pan l'amour Jésus-Christ

---

1. Selon L. C. Breunig, Apollinaire a composé et réellement chanté cette aubade à la mi-carême de 1902, quand le poète et Annie se trouvaient à Munich. Il a incorporé ce texte à la « Chanson », à une place où ce souvenir de joie, manifestant l'impossibilité d'oublier, devient source de douleur; 2. *Laetare* : « Réjouis-toi. » Début de la liturgie du quatrième dimanche de carême. Apollinaire donne à ce thème de la joie une signification païenne. Jeanine Moulin a rapproché la répétition du mot *rose* (vers 74, 79, 80) de la couleur des vêtements liturgiques de ce dimanche; 3. *Feuillolent* : verbe cher à Apollinaire; il évoque un mouvement analogue à celui des feuilles sur leurs tiges; 4. La Nature obéit au poète. (Le thème d'Orphée est fréquent chez Apollinaire.) Elle apparaît comme un décor créé par sa tendresse pour mieux persuader celle qu'il aime; 5. Thème fondamental : Les Dieux sont morts et surtout parmi eux l'Amour. (Voir la fin de « Zone ».)

━━━━━━ **QUESTIONS** ━━━━━━

● Vers 71-85. Le contraste de ton entre cette aubade et ce qui précède? — Étudiez le jeu des rimes féminines de la première strophe. — Valeur poétique de l'expression : *grenouilles humides* (vers 85)? Quel est l'effet produit par le verbe *chantent*, détaché à la fin du vers et du poème? — Montrez le charme à la fois ingénu et ardent de cette aubade.

Sont bien morts et les chats miaulent
90 *Dans la cour je pleure à Paris*

Moi qui sais des lais[1] *pour les reines*
Les complaintes de mes années
Des hymnes d'esclave aux murènes[2]
La romance du mal aimé
95 *Et des chansons pour les sirènes*[3]

L'amour est mort j'en suis tremblant
J'adore de belles idoles[4]
Les souvenirs lui ressemblant
Comme la femme de Mausole[5]
100 *Je reste fidèle et dolent*

Je suis fidèle comme un dogue
Au maître le lierre au tronc
Et les Cosaques Zaporogues[6]
Ivrognes pieux et larrons
105 *Aux steppes et au décalogue*

Portez comme un joug le Croissant
Qu'interrogent les astrologues
Je suis le Sultan tout-puissant
O mes Cosaques Zaporogues
110 *Votre Seigneur éblouissant* ·

1. *Lais* : poèmes narratifs ou lyriques du Moyen Age. Les plus célèbres, les lais de Marie de France, racontent des aventures d'amour au dénouement tragique. Une édition complète des lais du XIIIᵉ siècle avait été publiée en 1901 ; 2. Le Romain Vedius Pollion punissait, dit-on, ses esclaves en les faisant jeter dans les viviers, où il élevait des murènes (poissons carnassiers) ; 3. Dans la légende antique, ce sont les marins qui sont séduits par le chant des sirènes. Les vers 91 et 95 appartiennent à un poème envoyé à Linda en 1901. Ils ont été développés en une strophe où s'unissent des souvenirs grecs, romains et médiévaux, où chatoient divers noms de poèmes dans une harmonie plaintive due au jeu des sons *é*, des sons *è* et des nasales. Mais il ne suffit pas de savourer la poésie de ce que l'abbé Bremond appelle un « talisman ». Le sens aussi est important : le poète se proclame « fondé en poésie » ; il affirme détenir le sens des paroles irrésistibles. C'est un thème fondamental chez lui ; 4. Pour ses souvenirs, qui ne sont qu'une image du dieu Amour, le mot *idoles* est le mot propre ; 5. La veuve du roi Mausole éleva à son mari un tombeau qui était l'une des sept merveilles du monde antique ; 6. Les Cosaques sont chrétiens et vont refuser de se rallier à l'islam et à l'astrologie.

───── **QUESTIONS** ─────

● Vers 86-115. Valeur du rejet du vers 101. — Appréciez la musique de la strophe 91-95. — Effet des sonorités du vers 97 et de la reprise des deux rimes -*ole* et -*ant* dans le dernier mot, et de la variation *dèle*, *dol* (vers 100). — Appréciez la place du mot *pieux* au vers 104, le rôle des accents, l'effet de la rime rare en -*ogue*.

> *Devenez mes sujets fidèles*
> *Leur avait écrit le Sultan*
> *Ils rirent à cette nouvelle*
> *Et répondirent à l'instant*
115 > *A la lueur d'une chandelle*

RÉPONSE DES COSAQUES ZAPOROGUES
AU SULTAN DE CONSTANTINOPLE[1]

Plus criminel que Barrabas
Cornu comme les mauvais anges
Quel Belzébuth es-tu là-bas
Nourri d'immondice et de fange
120 Nous n'irons pas à tes sabbats

Poisson pourri de Salonique
Long collier des sommeils affreux
D'yeux arrachés à coup de pique
Ta mère fit un pet foireux
125 Et tu naquis de sa colique

Bourreau de Podolie Amant
Des plaies des ulcères des croûtes
Groin de cochon cul de jument
Tes richesses garde-les toutes
130 Pour payer tes médicaments

---

1. Ce passage, sans doute inspiré par un tableau du peintre russe Repine, reprend les thèmes d'un texte apocryphe du XVIIe siècle, qu'Apollinaire a dû connaître par une traduction. Il semble que cette réponse, dont un brouillon séparé a été conservé, n'ait pas été écrite originellement pour la « Chanson ». Le texte de 1909 n'en retient d'ailleurs que la première strophe.

─────── ● QUESTIONS ───────

● VERS 116-130. Effet des sonorités au vers 118. — Aux vers 122-123, Apollinaire écrit le brouillon :

> D'yeux arrachés à coups de pique
> Tu t'es fait un collier affreux.

Quel est l'intérêt poétique de l'addition du mot *sommeils?* — Comment expliquez-vous psychologiquement l'introduction de cette réponse dans la « Chanson » ? Moyen d'exercer une vengeance en se livrant à l'injure par personne interposée? essai d'exorciser sa mélancolie par la truculence grossière? ou bien désir de peindre les intermittences de la vie psychologique? ou simplement goût de la surprise et amusement d'une disparate provocante? En vous plaçant ensuite au point de vue du lecteur, vous semble-t-il que son émotion soit ou non diminuée?

Voie lactée ô sœur lumineuse
Des blancs ruisseaux de Chanaan
Et des corps blancs des amoureuses
Nageurs morts suivrons-nous d'ahan
135   *Ton cours vers d'autres nébuleuses*

Regret des yeux de la putain
Et belle comme une panthère[1]
Amour vos baisers florentins
Avaient une saveur amère
140   *Qui a rebuté nos destins*

Ses regards laissaient une traîne
D'étoiles dans les soirs tremblants
Dans ses yeux nageaient les sirènes[2]
Et nos baisers mordus sanglants
145   *Faisaient pleurer nos fées marraines*

Mais en vérité je l'attends
Avec mon cœur avec mon âme
Et sur le pont des Reviens-t'en
Si jamais revient cette femme
150   *Je lui dirai Je suis content*

Mon cœur et ma tête se vident
Tout le ciel s'écoule par eux
O mes tonneaux des Danaïdes
Comment faire pour être heureux
155   *Comme un petit enfant candide*

Je ne veux jamais l'oublier[3]
Ma colombe ma blanche rade
O marguerite exfoliée[4]
Mon île au loin ma Désirade[5]
160   *Ma rose mon giroflier*

---

1. Apollinaire reconnaîtra plus tard (juillet 1915) l'injustice de ces reproches furieux : « Je me croyais mal aimé, alors que c'était moi qui aimais mal » ; 2. Les vers 141-143 reprennent dans une tonalité plus pâle et inquiétante certaines images de la strophe « Voie lactée... » ; 3. Précédemment, le poète souhaitait oublier sans le pouvoir. Ici, il ne le veut même plus ; 4. On dit plutôt « effeuiller une marguerite » (elle m'aime un peu, beaucoup) une roche. Apollinaire semble avoir choisi le mot le plus rare à la sonorité énergique et donnant la rime la plus riche ; 5. *Désirade* : une des Antilles, ainsi nommée par Colomb lorsque son désir de trouver une terre fut ainsi satisfait.

Les satyres et les pyraustes[1]
Les égypans les feux follets
Et les destins damnés ou faustes[2]
La corde au cou comme à Calais[3]
165 Sur ma douleur quel holocauste

Douleur qui doubles les destins[4]
La licorne et le capricorne[5]
Mon âme et mon corps incertain[6]
Te fuient ô bûcher divin qu'ornent
170 Des astres des fleurs du matin[7]

Malheur dieu pâle aux yeux d'ivoire
Tes prêtres fous t'ont-ils paré
Tes victimes en robe noire
Ont-elles vainement pleuré[8]
175 Malheur dieu qu'il ne faut pas croire[9]

---

1. *Pyraustes.* Ces insectes nocturnes (voir aussi *lucioles*, vers 259) font pendant aux *feux follets* comme *satyres* est repris par *égypans*. Apollinaire est sensible au charme de ces vocables mystérieux. La strophe elle-même reste mystérieuse et semble évoquer un sacrifice sur un bûcher funèbre (celui de l'amour) ; 2. *Faustes* : bienheureux ; adjectif savant qui semble créé par Apollinaire sur le latin *faustus* ; mais par homonymie, le mot évoque aussi le Faust rendu célèbre par Goethe ; 3. Allusion aux six bourgeois de Calais qui sauvèrent leur ville en se livrant au roi d'Angleterre Édouard III, en 1347. Le groupe sculptural consacré par Rodin à cet épisode, et conçu de 1884 à 1889, a peut-être contribué à suggérer cette allusion au poète ; 4. Qui accompagne fidèlement comme une doublure (?). Mme J. Moulin écrit à propos de cette strophe : « Il lui semble que la folie le guette ; déjà se trouve rompue l'unité de son être, déjà signe inquiétant, son Moi se dédouble » ; Ces animaux fabuleux (qu'accouple la sonorité de leur nom) sont ici associés, l'un à l'âme, l'autre au corps du poète ; la ponctuation dans le texte de 1909 montre que le vers 168 encadré entre deux tirets est en apposition au second vers ; 6. *Incertain* : peut-être parce que le capricorne est mi-bouc, mi-poisson, car le corps ne semble guère pouvoir « hésiter » à fuir la douleur (?) ; 7. Cet ornement du bûcher, fort poétique, semble gratuit ; 8. Dans leur « folie », certains hommes ont fait du malheur un dieu, alors qu'il n'est qu'une idole matérielle *(ivoire)* et insensible *(vainement)* ; 9. L'idée d'ensemble des vers 161-175 est simple ; le poète s'effraie des sacrifices déjà consentis à la douleur ; il cherche à réagir et se révolte contre le culte du malheur. Mais, sur cette trame, s'enlace une broderie poétique dont l'étrangeté est un des charmes.

QUESTIONS

● Vers 131-175. Pourquoi la strophe 131-135 convenait-elle mieux que toute autre pour mettre fin à cette parenthèse des Zaporogues ? Comparez les trois emplois de la strophe leitmotiv (voir vers 61-65 et 241-245). — Analysez les états d'âme qui se succèdent à travers les différentes images des six strophes 136-175. — Expliquez le mot *ciel* (vers 152). — Montrez que le charme de chaque image de la litanie des vers 156-160 est décuplé par la présence simultanée des autres images dans l'esprit du lecteur. — La recherche des allitérations aux vers 166-167.

   Et toi qui me suis en rampant
   Dieu de mes dieux morts en automne
   Tu mesures combien d'empans
   J'ai droit que la terre me donne[1]
180   *O mon ombre ô mon vieux serpent*

   Au soleil parce que tu l'aimes[2]
   Je t'ai menée souviens-t'en bien
   Ténébreuse épouse que j'aime
   Tu es à moi en n'étant rien[3]
185   *O mon ombre en deuil de moi-même*

   L'hiver est mort tout enneigé
   On a brûlé les ruches blanches
   Dans les jardins et les vergers
   Les oiseaux chantent sur les branches
190   *Le printemps clair l'avril léger*

   Mort d'immortels argyraspides[4]
   La neige aux boucliers d'argent
   Fuit les dendrophores livides
   Du printemps cher aux pauvres gens
195   *Qui resourient les yeux humides*

   Et moi j'ai le cœur aussi gros
   Qu'un cul de dame damascène[5]
   O mon amour je t'aimais trop
   Et maintenant j'ai trop de peine
200   *Les sept épées hors du fourreau*

---

 1. Dans cette mort des dieux du poète, il ne lui reste plus qu'un être qui lui soit fidèle : son ombre. Mais, projection de son corps sur le sol, elle évoque la tombe qui le recevra bientôt (le seul *droit* qui ne lui sera pas refusé); **2.** Ici commence une promenade printanière du poète avec son ombre. Cette promenade fait un triste pendant à l'aubade chantée à Laetare (p. 52); **3.** A la différence de la femme infidèle, l'ombre ne se refuse pas au poète, mais elle n'est rien; **4.** Les *Argyraspides* (qui portent un bouclier d'argent) étaient les trois cents fantassins d'élite d'Alexandre. Les gardes du roi de Perse étaient appelés *immortels*, parce que leurs bataillons étaient toujours reconstitués à effectif complet. Les *dendrophores* étaient des artisans ou des esclaves qui portaient des arbres lors des cérémonies en l'honneur de Cybèle. En langage prosaïque, ces vers signifient que la neige disparaît devant le printemps; **5.** *Damascène* : habitant de Damas. Mais il est évident que le mot est choisi pour son allitération avec *dame*. A ce vers peut s'appliquer cette phrase de Mme Moulin : « Dans le langage grivois ou scatologique, Apollinaire voit surtout un moyen de se moquer de lui-même, de réagir contre son impuissance à surmonter la détresse. »

> *Sept épées de mélancolie*
> *Sans morfil ô claires douleurs*
> *Sont dans mon cœur et la folie*
> *Veut raisonner pour mon malheur*
> 205 *Comment voulez-vous que j'oublie*

LES SEPT ÉPÉES[1]

> La première est toute d'argent
> Et son nom tremblant c'est Pâline
> Sa lame un ciel d'hiver neigeant
> Son destin sanglant gibeline[2]
> 210 Vulcain mourut en la forgeant

> La seconde nommée Noubosse
> Est un bel arc-en-ciel joyeux
> Les dieux s'en servent à leurs noces
> Elle a tué trente Bé-Rieux
> 215 Et fut douée par Carabosse

> La troisième bleu féminin
> N'en est pas moins un chibriape
> Appelé Lul de Faltenin
> Et que porte sur une nappe
> 220 L'Hermès Ernest devenu nain

> La quatrième Malourène
> Est un fleuve vert et doré
> C'est le soir quand les riveraines
> Y baignent leurs corps adorés
> 225 Et des chants de rameurs s'y traînent

1. Sur le thème des *Sept Epées* (dont il faut chercher l'origine dans les Sept Douleurs qui ont percé le cœur de la Vierge), Apollinaire a brodé un intermède dont « la signification a intrigué, mais aussi rebuté les exégètes », déclare Michel Décaudin, pour qui « ce poème est d'abord un envol de fantaisie et d'invention »;
2. *Gibeline* : Maurice Piron a récemment montré que le mot n'a rien à voir avec les adversaires des Guelfes, comme on le croyait : le mont Gibel est le nom médiéval de l'Etna, résidence de Vulcain.

QUESTIONS

● Vers 176-205. Quelle est la seule couleur évoquée dans le tableau du printemps (vers 186-195)? Comparez avec l'*aubade de Laetare*. — Expliquez et appréciez l'expression *claires douleurs* (vers 202). Quel est l'effet de la rime anticipée donnée par le mot *cœur* au vers 203?

La cinquième Sainte-Fabeau
C'est la plus belle des quenouilles
C'est un cyprès sur un tombeau
Où les quatre vents s'agenouillent
230   Et chaque nuit c'est un flambeau

La sixième métal de gloire
C'est l'ami aux si douces mains
Dont chaque matin nous sépare
Adieu voilà votre chemin
235   Les coqs s'épuisaient en fanfares

Et la septième s'exténue
Une femme une rose morte
Merci que le dernier venu
Sur mon amour ferme la porte
240   Je ne vous ai jamais connue

Voie lactée ô sœur lumineuse
Des blancs ruisseaux de Chanaan
Et des corps blancs des amoureuses
Nageurs morts suivrons-nous d'ahan
245   *Ton cours vers d'autres nébuleuses*[1]

Les démons du hasard selon
Le chant du firmament nous mènent[2]
A sons perdus leurs violons
Font danser notre race humaine
250   *Sur la descente à reculons*

Destins destins impénétrables
Rois secoués par la folie[3]
Et ces grelottantes étoiles[4]
De fausses femmes dans vos lits
255   *Aux déserts que l'histoire accable*

---

1. Reprise des vers 61-65 et 131-135; **2.** Affirmation désespérée d'un déterminisme astral sans providence; **3.** Après la sinistre danse, voici le frisson convulsif de l'être humain, dont la raison chavire devant l'absurdité d'un monde « désertique et accablant »; **4.** Les femmes sont des étoiles, car elles promettent le bonheur, mais elles sont trompeuses. Le mot *grelottantes* opère la fusion entre les étoiles et les femmes : il indique un réflexe du corps humain et fait songer au scintillement stellaire, qu'il transpose dans une tonalité pitoyable.

—— QUESTIONS ——

● VERS 206-240. Dégagez les différents éléments de la fantaisie poétique dans cet épisode. — Montrez le jeu des reflets métalliques.

Luitpold le vieux prince régent
Tuteur de deux royautés folles[1]
Sanglote-t-il en y songeant
Quand vacillent les lucioles[2]
260   Mouches dorées de la Saint-Jean

Près d'un château sans châtelaine[3]
La barque aux barcarols[4] chantants
Sur un lac blanc et sous l'haleine
Des vents qui tremblent au printemps
265   Voguait cygne mourant sirène

Un jour le roi dans l'eau d'argent
Se noya puis la bouche ouverte
Il s'en revint en surnageant
Sur la rive dormir inerte
270   Face tournée au ciel changeant[5]

Juin[6] ton soleil ardente lyre
Brûle mes doigts endoloris
Triste et mélodieux délire
J'erre à travers mon beau Paris
275   Sans avoir le cœur d'y mourir

1. Louis II de Bavière, de 1864 à 1886, et son frère sombrèrent dans la folie. Après la mort de Louis, Othon fut écarté du trône, et la régence confiée à leur oncle Luitpold; 2. Il s'agit de la lumière fugitive produite par ces insectes ailés, les *lucioles*, mais le mot évoque aussi une faiblesse chancelante. Notez, de plus, le jeu des sonorités : *-cillent* et *-cioles*. Les vers 253 et 259 reprennent, dans une tonalité désolée, les trois vers sur la Voie lactée; 3. Le château de Berg : dans sa démence, Louis II voulut vivre seul dans de grands châteaux wagnériens. Il se noya dans le lac en 1886; 4. *Barcarols* : gondoliers (de l'italien *barcaruolo*). Mot créé par le poète, d'autant plus aisément que le français connaît déjà le féminin *barcarolle*, chant du gondolier (*barcaruola*) ; 5. Après tous ces frissons (*secouer*, *grelottantes*, *sanglote*, *vacillent*, *tremblent*), l'être humain connaît enfin la paix et l'immobilité, mais c'est dans la mort. La strophe impose un gros plan sur l'un de ces *nageurs morts* (vers 244) de la strophe leitmotiv : la mort n'est plus une suggestion de l'ombre, mais une réalité présente; 6. Après l'échec définitif du second voyage à Londres, le poète revient à Paris (juin 1904).

━━━━━ QUESTIONS ━━━━━━━━━━━━━━━━━

● Vers 241-270. Quel est le rôle des rejets aux vers 246 et 248? — Vers 246-250 : étudiez cette transposition du thème de la danse macabre. Perd-elle en vigueur par la suppression de tout ce qui est proprement macabre? — Étudiez le mouvement de la strophe 261-265. Montrez l'harmonie pour la pensée et pour l'oreille de la progression *cygne mourant*, *sirène*. A quelles strophes du début, cette évocation fait-elle pendant? Quelle est la différence de tonalité? — Montrez la richesse poétique des deux vers 271-272.

Les dimanches s'y éternisent
Et les orgues de Barbarie
Y sanglotent dans les cours grises
Les fleurs aux balcons de Paris
280 *Penchent comme la tour de Pise*

Soirs de Paris ivres du gin
Flambant de l'électricité
Les tramways feux verts sur l'échine
Musiquent au long des portées
285 *De rails leur folie de machines*[1]

Les cafés gonflés de fumée
Crient tout l'amour de leurs tziganes
De tous leurs siphons enrhumés[2]
De leurs garçons vêtus d'un pagne[3]

---

1. Déjà, la poésie frénétique de la machine avant le mouvement futuriste. D'autre part, le mot *folie* harmonise ce tableau avec le thème qui a dominé depuis le vers 166 ; 2. *Enrhumés :* ce mot décrit le bruit produit par le siphon, mais il rend le *cri* plus pitoyable ; 3. Le court tablier blanc des serveurs.

--- **QUESTIONS** ---

● VERS 271-295. Au vers 273, l'édition de 1909 porte : *triste et silencieux délire*. Pour quelle raison (ou quelles raisons), selon vous, Apollinaire a-t-il changé *silencieux* en *mélodieux?* — Si le Mal-Aimé n'a pas *le cœur d'y mourir* (vers 275), c'est sans doute par un réflexe inconscient dû au bon sens et à l'équilibre d'Apollinaire. Mais quel est le motif ressenti par le poète : lassitude trop grande pour avoir la force de vouloir se suicider, séduction du beau Paris, sentiments que son délire est mélodieux et que sa peine lui inspire une belle œuvre? — Comparez l'été parisien de la fin du vers 276-280? — Pour commenter cette fin de poème, retiendrez-vous cette formule de Lockerbie : « Le sentiment d'exil dans le monde bruyant d'aujourd'hui [...], sans aucun espoir de rebâtir sa vie à partir des ruines qu'il a sous les yeux », ou bien préférez-vous cette interprétation de L. C. Breunig : « L'ardente lyre qui brûle les doigts endoloris du narrateur n'est autre que le besoin, la décision (comme chez Proust) de convertir toutes les expériences déchirantes à travers lesquelles il vient de passer et dont nous avons été les témoins tout au long du chemin, en une œuvre d'art durable, celle que précisément il vient d'écrire et que nous venons de lire. Ainsi, nous lisons la strophe finale de « la Chanson du Mal-Aimé » comme une proclamation de la force du poète et du triomphe de son art sur sa vie. » — Comparez la fin brutale de « Zone » et l'effet de « fondu » que permet ici le retour final d'une des deux strophes, leitmotiv de « la Chanson du Mal-Aimé ». N'y a-t-il pas, de 1903 à 1912, une évolution du poète qui cherche moins l'harmonie et davantage la dissonance?

290   *Vers toi toi que j'ai tant aimée*[1]

         Moi qui sais des lais pour les reines
         Les complaintes de mes années
         Des hymnes d'esclave aux murènes
         La romance du mal aimé
295   *Et des chansons pour les sirènes*

LES COLCHIQUES

Ce poème a été publié en 1907, puis en 1911. Il date du séjour à Neu Glück, en Rhénanie, puisqu'il portait primitivement l'indication *Neu Glück 1902* (changée plus tard en *septembre 1901*). Il est donc inspiré par l'amour pour Annie Playden, la jeune Anglaise qui était la demoiselle de compagnie de Gabrielle, dont Apolli-

---

1. L'obsession du poète est telle que tout ce qui l'entoure lui semble crier d'amour vers Annie.

■ QUESTIONS ■

■ Sur l'ensemble de « la Chanson du Mal-Aimé ». — Comment Paul Léautaud a-t-il pu parler, à propos de ce poème, de « bohémianisme, d'errance d'esprit, de côté un peu tzigane » ?

— Commentez cette affirmation de Lockerbie sur le personnage du Mal-Aimé : « Ce héros que nous suivons à travers le temps et l'espace sous le flux et le reflux éternel de la Voie lactée est, lui aussi, un héros exceptionnel. Il n'est pas simplement cet *alter ergo* que nous sommes accoutumés de trouver dans les poèmes lyriques : un homme comme nous le sommes tous, mais qui a le droit et le privilège de souffrir pour nous. Il n'est pas nous et ne cherche pas du tout à nous rejoindre. Nous avons affaire plutôt à une sorte de Merlin ou un nouveau Juif errant. »

— La sensibilité dans « la Chanson du Mal-Aimé » : a) quels sont les passages où l'expression du sentiment est particulièrement simple ? b) croyez-vous que les allusions mythologiques et érudites gênent l'émotion du lecteur en lui faisant penser que le poète a l'esprit bien peu envahi par sa pensée, puisqu'il se livre à ces fantaisies, ou bien pensez-vous que cette présence de la fable est naturelle chez Apollinaire ? c) de toute façon, est-ce seulement l'émotion sentimentale qui fait la puissance de ce poème ?

— Dégagez le charme de cette « broderie » poétique (Pascal Pia). Quelles strophes vous paraissent-elles les plus pures réussites ?

— Appréciez les audaces de ce poème.

— Étudiez l'utilisation des ressources musicales du quintil d'octosyllabes.

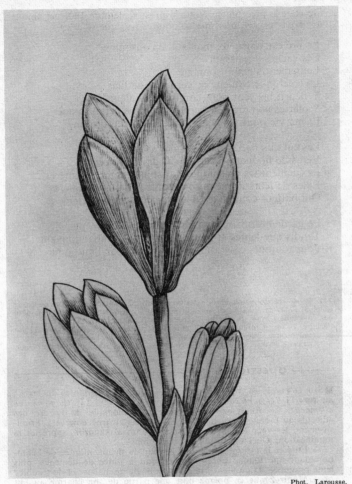

« Le colchique couleur de cerne et de lilas... »

naire était le précepteur. Notons qu'en septembre 1901 cet amour
n'avait pas encore pris une coloration tragique.

Le pré est vénéneux mais joli en automne
Les vaches y paissant
Lentement s'empoisonnent
Le colchique couleur de cerne[1] et de lilas
5 Y fleurit tes yeux sont comme cette fleur-là
Violâtres comme leur cerne et comme cet automne
Et ma vie pour tes yeux lentement s'empoisonne

Les enfants de l'école viennent avec fracas
Vêtus de hoquetons[2] et jouant de l'harmonica
10 Ils cueillent les colchiques qui sont comme des mères
Filles de leurs filles[3] et sont couleur de tes paupières
Qui battent comme les fleurs battent au vent dément

Le gardien du troupeau chante tout doucement
Tandis que lentes et meuglant les vaches abandonnent
15 Pour toujours ce grand pré mal fleuri par l'automne

---

1. *Cerne :* cercle mauve autour des yeux battus; 2. *Hoquetons :* vestes de grosse
toile; 3. *Filles de leurs filles.* Allusion possible à quelque particularité botanique
des colchiques. Mais les ouvrages modernes de botanique ne permettent pas de
l'éclairer. L'esprit fureteur d'Apollinaire a dû piquer dans quelque livre curieux
ce détail bizarre, qui est devenu pour lui inséparable de l'idée de colchique. Il
note ici cette association d'idées, qui reste sans rapport avec le thème du poème.

■————— QUESTIONS —————

■ Sur le poème « Les Colchiques ». — Étudiez les variantes du texte :
au vers 11 *(et sont comme des paupières)* ; au vers 13 *(chantonne en
allemand).* — Analysez l'importance psychologique de l'ordre des
adjectifs au premier vers, de l'ordre des mots au troisième vers. Primi-
tivement, les vers 2 et 3 ne formaient qu'un alexandrin; appréciez la
modification. Quel est l'effet des répétitions?

— Étudiez le rythme du texte : lenteur du début, montée de l'émo-
tion dans une longue phrase qui conduit à l'idée de démence, puis
lente retombée. D'où vient l'impression finale de malaise et de trouble?

— Montrez que ce poème doit une partie de son charme au fait
d'unir la simplicité de la donnée extérieure et la richesse du retentisse-
ment intérieur. L'héritage verlainien dans ce poème.

— Ce poème est fondé sur la comparaison d'une jeune fille et d'une
fleur. En faisant un parallèle avec l'*Ode à Cassandre* de Ronsard, par
exemple, vous montrerez l'originalité d'Apollinaire, pour ce qui est
du sentiment humain et de l'imagination poétique.

ANNIE

Sur la côte du Texas
Entre Mobile et Galveston il y a
Un grand jardin tout plein de roses
Il contient aussi une villa
5   Qui est une grande rose

Une femme se promène souvent
Dans le jardin toute seule
Et quand je passe sur la route bordée de tilleuls
Nous nous regardons

10   Comme cette femme est mennonite[1]
Ses rosiers et ses vêtements n'ont pas de boutons
Il en manque deux à mon veston
La dame et moi suivons presque le même rite

MARIE

Publié en octobre 1912. Inspiré par l'amour pour Marie Lauren-
cin, qui rompt définitivement avec lui au milieu de 1912. Il y mêle
le souvenir de la jeune fille de Stavelot : Maria Dubois, qu'il
aima en 1899.

Vous y dansiez petite fille
Y danserez-vous mère-grand
C'est la maclotte qui sautille[2]
Toutes les cloches sonneront
5   Quand donc reviendrez-vous Marie

Les masques sont silencieux[3]
Et la musique est si lointaine
Qu'elle semble venir des cieux

---

1. Secte anabaptiste, reconnaissable à certaines particularités vestimentaires;
2. Les verbes passent de l'imparfait et du futur au présent. La danse s'impose
au poète et donne au vers son rythme enlevé et ses sonorités vigoureuses, puis
se fond dans un rêve futur de bonheur : un concert de cloches au retour de Marie,
comme un carillon de noces; **3.** Tous les verbes de cette strophe sont au présent :
le rêve lointain est vécu comme au présent. Le bal populaire est devenu une fête
galante toute recueillie, où le cœur goûte une joie intime et délicate.

Oui je veux vous aimer mais vous aimer à peine[1]
10   Et mon mal est délicieux[2]

Les brebis s'en vont dans la neige
Flocons de laine et ceux d'argent
Des soldats passent[3] et que n'ai-je
Un cœur à moi ce cœur changeant[4]
15   Changeant et puis encor que sais-je

Sais-je où s'en iront tes cheveux[5]
Crépus comme mer qui moutonne
Sais-je où s'en iront tes cheveux
Et tes mains feuilles de l'automne
20   Que jonchent aussi nos aveux

Je passais au bord de la Seine[6]
Un livre ancien[7] sous le bras
Le fleuve est pareil à ma peine
Il s'écoule et ne tarit pas
25   Quand donc finira la semaine

---

1. Seul alexandrin au milieu des octosyllabes, ce vers (repris d'un brouillon de jeunesse) rend sensible l'élan du poète. Il veut aimer Marie, mais *à peine* pour savourer le charme d'un amour léger et délivré des âcres cruautés de la passion. Il rêve d'une souffrance et d'une tendresse vaporisées en poésie; 2. Notez l'effet de douceur produit par la diérèse : *silenci-eux, délici-eux ; 3.* Si les images changent, leur tonalité demeure douce, avec une pointe d'étrangeté. Mais le thème du départ apparaît, dissipant le rêve, se maintient au vers 13 avec le monosyllabe brutal *passent*, et l'émotion fait jaillir la question anxieuse; 4. Ce vers est difficile à interpréter : on pourrait croire qu'il s'agit du cœur infidèle de son amie, que le poète souhaiterait pouvoir posséder; mais il aurait dit : « son » cœur. Il s'agit donc du cœur du poète, qu'il voudrait maîtriser. *Ce cœur* est *changeant*, ce qui ne veut pas dire ici « inconstant » (sinon le poète avoue qu'il oubliera bientôt et la compassion du lecteur disparaît). Cet adjectif a donc le sens contraire de « maîtrisé » et traduit une impression de trouble et de vertige; 5. Cette strophe repart sur le mot final de la précédente. L'incertitude menaçante du vers 2 reparaît ici, ainsi que l'impression du mouvement d'éloignement du vers 2. A cette évocation de la mystérieuse dissolution d'un être se mêlent les visions de l'océan et de l'automne. Ces visions sont appelées par des parentés visuelles (*crépus, moutonne, mains* qui ont la forme et le mouvement des *feuilles*), mais, dès qu'elles sont prononcées, ce rapport en quelque sorte logique est débordé : ces images s'emparent de la sensibilité. Ainsi, ce n'est pas l'idée de la proposition principale, mais le mot final *automne* qui entraîne le vers 20; 6. Cette strophe souligne la parenté de ce poème avec « le Pont Mirabeau »; 7. *Ancien :* Apollinaire a le goût des vieux livres, mais ici le mot donne surtout une impression de passé évanoui.

■━━━ **QUESTIONS** ━━━━━━━━━━━━━━━━━━━━━━

■ Sur « Marie ». — Comparez ce poème au poème écrit par Verlaine dans des circonstances différentes, mais comparables : « Écoutez la chanson bien douce » (dans *Sagesse*), et montrez qu'Apollinaire plus encore que Verlaine « a tordu son cou à l'éloquence ».

LA BLANCHE NEIGE

Dans sa thèse récente : *Genèse de l'œuvre poétique*, M. Weber voit dans ce cuisinier qui plume les oies le « thème unique », la hantise fondamentale d'Apollinaire (en relation avec un événement traumatisant de son enfance).

> Les anges les anges dans le ciel
> L'un est vêtu en officier
> L'un est vêtu en cuisinier
> Et les autres chantent
>
> 5 Bel officier couleur du ciel
> Le doux printemps longtemps après Noël
> Te médaillera d'un beau soleil
>   D'un beau soleil
>
> Le cuisinier plume les oies
> 10   Ah ! tombe neige
>   Tombe et que n'ai-je
> Ma bien-aimée entre mes bras

L'ÉMIGRANT DE LANDOR ROAD

Publié à la fin de 1905, ce poème est inspiré par le second voyage à Londres (mai 1904) : Annie, qui habitait Landor Road, décida de partir en Amérique, pour échapper, sans doute, aux instances d'Apollinaire.

A André Billy.

> Le chapeau à la main il entra du pied droit
> Chez un tailleur très chic et fournisseur du roi
> Ce commerçant venait de couper quelques têtes
> De mannequins vêtus comme il faut qu'on se vête
>
> 5 La foule en tous les sens remuait en mêlant
> Des ombres sans amour qui se traînaient par terre
> Et des mains vers le ciel plein de lacs de lumière
> S'envolaient quelquefois comme des oiseaux blancs

Mon bateau partira demain pour l'Amérique[1]
10   Et je ne reviendrai jamais
Avec l'argent gagné dans les prairies lyriques
Guider mon ombre aveugle en ces rues que j'aimais

Car revenir c'est bon pour un soldat des Indes[2]
Les boursiers ont vendu tous mes crachats d'or fin
15 Mais habillé de neuf je veux dormir enfin
Sous des arbres pleins d'oiseaux muets et de singes[3]

Les mannequins pour lui s'étant déshabillés[4]
Battirent leurs habits puis les lui essayèrent
Le vêtement d'un lord mort sans avoir payé
20 Au rabais l'habilla comme un millionnaire

Au-dehors les années
Regardaient la vitrine
Les mannequins victimes
Et passaient enchaînées

25 Intercalées dans l'an c'étaient les journées veuves
Les vendredis sanglants et lents d'enterrements
De blancs et de tout noirs vaincus des cieux qui pleuvent
Quand la femme du diable a battu son amant

---

1. Dans la réalité, c'est Annie qui s'est embarquée pour l'Amérique (et Apollinaire, seulement pour la France). Mais le poète n'est-il pas lui aussi un émigrant qui doit s'éloigner définitivement du bonheur?; 2. Michel Décaudin a signalé l'allusion au poème de Kipling « Mandalay », dont la revue dirigée par Apollinaire avait publié une traduction en 1904; 3. L'émigrant ne cherche pas à faire fortune comme les chercheurs d'or : il ne désire que l'anéantissement (*dormir, muets*), loin du monde qui fut le sien. *Habillé de neuf :* une des formes de l'oubli du passé; 4. Après le monologue lyrique (strophes 3 et 4) réapparaît le récit (teinté d'humour, en particulier dans la personnification des mannequins).

QUESTIONS

● Vers 1-28. Montrez et appréciez la différence des tons et des rythmes entre les deux premières strophes. — Appréciez le rejet du vers 3. — Effet produit par la brièveté du vers 10. — Analysez tout ce qui fait la valeur poétique du vers 12. — Quel effet produit l'apparition des vers 21-24 après l'humour des vers 19 et 20? — Justifiez le rythme de cette strophe. — Étudiez les sonorités du vers 26.

Puis dans un port d'automne[1] aux feuilles indécises[2]
30 Quand les mains de la foule y feuillolaient[3] aussi
Sur le pont du vaisseau il posa sa valise
      Et s'assit

Les vents de l'Océan en soufflant leurs menaces
Laissaient dans ses cheveux de longs baisers mouillés
35 Des émigrants tendaient vers le port leurs mains lasses
Et d'autres en pleurant s'étaient agenouillés

Il regarda longtemps les rives qui moururent
Seuls des bateaux d'enfant tremblaient à l'horizon[4]
Un tout petit bouquet flottant à l'aventure
40 Couvrit l'Océan d'une immense floraison[5]

Il aurait voulu ce bouquet comme la gloire[6]
Jouer dans d'autres mers parmi tous les dauphins[7]
      Et l'on tissait dans sa mémoire
      Une tapisserie sans fin
45   Qui figurait son histoire

      Mais pour noyer changées en poux
Ces tisseuses têtues qui sans cesse interrogent
      Il se maria comme un doge[8]
Aux cris d'une sirène moderne sans époux[9]

50 Gonfle-toi vers la nuit O Mer Les yeux des squales
Jusqu'à l'aube ont guetté de loin avidement

---

1. C'est en mai qu'Apollinaire est rentré d'Angleterre la seconde fois. Fait-il ici allusion à son premier voyage ou plutôt obéit-il à la vraisemblance poétique : l'automne est la saison des adieux; 2. *Indécise* : il s'agit de l'indécision de la forme par suite du mouvement; 3. *Feuilloler* : verbe cher à Apollinaire (voir page 52, vers 79). Ce frémissement des feuilles et des mains, c'est le léger et dernier geste de la vie qui s'éloigne; 4. L'expression décrit une réalité optique (par l'éloignement, les bateaux apparaissent de la taille d'un jouet), mais ajoute une impression sentimentale de fragilité. De même, *tremblaient* ne traduit pas seulement une sensation visuelle; 6. Si on est soucieux de logique, on peut supposer qu'un émigrant vient de jeter à la mer un bouquet qu'il avait reçu lors des adieux, mais il vaut mieux goûter la surprise de ces fleurs sur la mer et de cette apothéose (*tout petit*, *immense*) ; 6. Si le pronom *il* désigne ici l'émigrant comme au vers 37, on ne comprend plus la construction du vers 42. Il semble préférable de supposer que le sujet d'*aurait voulu* est le *bouquet* (rejeté après le verbe, comme souvent dans le langage parlé). Comme l'émigrant, ce bouquet est écarté du sort *glorieux* qu'il souhaitait; 7. Gracieux tableau qui fait songer à certaines peintures du *Triomphe d'Amphitrite* ; 8. Le *doge* de Venise « épousait » la mer; 9. Les sirènes attiraient par leur chant les marins sur les écueils pour les dévorer. Notez la cocasserie de ce mariage.

Des cadavres de jours rongés par les étoiles
Parmi le bruit des flots et les derniers serments[1]

LE BRASIER

Publié en 1908 sous le titre *le Pyrée*, puis deux autres fois en
1913 avant *Alcools*, c'était, d'après l'auteur, un de ses poèmes
les meilleurs. Difficile, d'inspiration rimbaldienne (Rimbaud est
très étudié à partir de 1905), il évoque, semble-t-il, l'activité poétique
elle-même. Sans qu'Apollinaire y fasse des allusions explicites, le
lecteur pense au bûcher des sorciers et des hérétiques, à l'enfer
des révoltés et au Phénix qui renaît de ses cendres : le brasier
est à la fois destructeur du passé et de la réalité terrestre, souf-
france héroïque et puissance transsubstantiatrice et céleste. Mais
ce poème du feu poétique ne saurait sans se trahir être une sage
allégorie. Il doit être une pensée à l'état incandescent, une suite
de visions irréalistes ouvertes sur l'inconnu. (Voir page 26 ce
qu'écrit, à la même époque, Apollinaire sur la « flamme symbole
de la peinture ».) Plus tard, le prologue des *Mamelles de Tirésias*
se terminera par cet appel :

> O public
> Soyez la torche inextinguible du feu nouveau.

---

1. Ce « nocturne » marin suggère les menaces du destin et son œuvre de mort.

■ QUESTIONS

● VERS 29-53. Montrez l'effet à la fois comique et pitoyable du vers 26.
Qualifiez l'impression produite par la rencontre rare du monde marin
et du monde végétal (vers 29 et 39-40). — Effet du rythme et de la triple
rime aux vers 43-45. — Commentez l'emploi de l'indéfini *on* au vers 43.
— Pourquoi le poète évite-t-il le développement qui décrirait
cette tapisserie et ferait donc au lecteur « son histoire » ? — Justifiez
psychologiquement le réalisme brutal du vers 46. — Appréciez la défi-
nition poétique de la conscience psychologique au vers 47.

■ SUR L'ENSEMBLE DU POÈME « L'ÉMIGRANT DE LANDOR ROAD ». —
Appréciez l'audace et la puissance de l'invention poétique.

— Ce poème, inspiré au poète par une grande douleur, est présenté
d'une façon très impersonnelle (ce qui est rare chez lui et ne reparaît
guère que dans *le Poète assassiné*). Pensez-vous que l'explication de
cet effort d'objectivation doive être recherchée sur un plan esthétique
(pour éviter le genre romantique de la confidence) ou sur un plan
psychologique (pour tenter de se libérer par un transfert)?

— Jusqu'en 1948, les lecteurs et même les amis d'Apollinaire igno-
raient que Landor Road était l'adresse londonienne d'Annie. Cette
ignorance rejaillissait sur l'interprétation du poème au point qu'un
commentateur aussi averti que Jeanine Moulin pouvait penser que cet
émigrant était Rimbaud. Estimez-vous, selon le principe classique,
qu'Apollinaire a tort de ne pas assez se préoccuper de son lecteur ?

A Paul-Napoléon Roinard.

J'ai jeté dans le noble feu
Que je transporte et que j'adore
De vives mains et même feu[1]
Ce Passé[2] ces têtes de morts
5 Flamme je fais ce que tu veux

Le galop soudain des étoiles
N'étant que ce qui deviendra
Se mêle au hennissement mâle
Des centaures dans leurs haras
10 Et des grand'plaintes végétales[3]

Où sont ces têtes que j'avais
Où est le Dieu de ma jeunesse[4]
L'amour est devenu mauvais
Qu'au brasier les flammes renaissent
15 Mon âme au soleil se dévêt[5]

Dans la plaine ont poussé des flammes
Nos cœurs pendent aux citronniers
Les têtes coupées qui m'acclament
Et les astres qui ont saigné
20 Ne sont que des têtes de femmes[6]

Le fleuve épinglé sur la ville[7]
T'y fixe comme un vêtement
Partant à l'amphion docile[8]

---

1. *Même feu* : la flamme intérieure de l'esprit est de la même nature que le feu du ciel auquel le poète obéit (vers 5) et rend un culte (*adore*, vers 2) par son action et sa pensée (vers 3); 2. La destruction du *Passé* est le premier thème du poème (vers 7 et 12-13); 3. Une triple impression sonore *(galop, hennissement, plainte)* nous plonge dans un monde insolite animé d'une sexualité cosmique créatrice de l'avenir; 4. L'Amour, le *dieu de la Jeunesse*, n'est plus l'Amour source de peine des poèmes élégiaques du Mal-Aimé (« la Chanson du Mal-Aimé », vers 56); il est ici *mauvais* parce qu'il peut distraire le poète de la poésie « qui, suscitant en nous le pouvoir créateur, nous met tout proches de la divinité »; 5. Rimbaud *(Délices*, II) : « J'aimai le désert, les vergers brûlés [...] et les yeux fermés, je m'offrai au soleil, dieu du Feu »; 6. Paysage de destruction (le *Passé* est détruit), qui semble annoncer certains tableaux de Salvador Dali; 7. Le fleuve apparaît sans doute comme un ruban, d'où le mot *épinglé* et la comparaison avec un vêtement qui retient captif; 8. *Amphion* : musicien grec mythique. Pour bâtir les remparts de Thèbes, les pierres venaient se placer d'elles-mêmes au son de la lyre. Cette image est la première apparition du thème de la construction du théâtre céleste. Le nom propre devenu commun est complément de *docile* (la première édition ponctuait : *Partant, à l'amphion, docile*). Le sens est : « Dans ton départ, tu obéis à l'amphion. »

Tu subis tous les tons charmants
25 Qui rendent les pierres agiles

*
* *

Je flambe dans le brasier à l'ardeur adorable
Et les mains des croyants m'y rejettent multiple innom-
brablement[1]
Les membres des intercis[2] flambent auprès de moi
Éloignez du brasier les ossements
30 Je suffis pour l'éternité à entretenir le feu de mes délices
Et des oiseaux protègent de leurs ailes ma face et le soleil[3]

O Mémoire Combien de races qui forlignent[4]
Des Tyndarides[5] aux vipères ardentes de mon bonheur
Et les serpents ne sont-ils que les cous des cygnes
35 Qui étaient immortels et n'étaient pas chanteurs[6]
Voici ma vie renouvelée
De grands vaisseaux passent et repassent[7]
Je trempe une fois encore mes mains dans l'Océan

Voici le paquebot et ma vie renouvelée
40 Ses flammes sont immenses
Il n'y a plus rien de commun entre moi
Et ceux qui craignent les brûlures[8]

*
* *

Descendants des hauteurs où pense la lumière
Jardins rouant[9] plus haut que tous les ciels mobiles

---

1. Le brasier ne consume plus seulement le passé, mais le poète lui-même :
voici l'autodafé d'un hérétique perpétré par une foule fanatisée. Dans « Fian-
çailles », il s'écrie : « Templiers flamboyants, je brûle parmi vous, Prophétisons
ensemble, ô grands maîtres » ; 2. *Intercis* : le mot se dit généralement des martyrs
dont le corps a été dépecé ; 3. Malgré le supplice qui devient infernal puisque éternel,
le poète n'abdique pas et goûte une joie ardente sous la protection d'une voûte
d'ailes (M.-J. Durry a montré qu'il y a là le souvenir d'une légende relative à
Salomon) ; 4. *Forlignent* : dégénèrent. Rappel des échecs dus à une capitulation
ou à des dons trompeurs ; 5. *Tyndarides* : fils ou filles de Tyndare ; c'est-à-dire
Castor et Pollux ou Clytemnestre et Hélène. Y a-t-il ici allusion aux serpents
des Erinnyes, qui veulent venger l'assassinat de Clytemnestre ? 6. Le cygne exhalait,
comme le rappelle Platon dans le *Phédon*, son plus beau chant à l'heure de sa
mort. L'image du vers 34 traduit cette dégénérescence du mauvais cygne ; 7. Le
poète, lui, échappe à la destruction et à la déchéance ; tel le Phénix, il entre dans
une vie nouvelle : la vision donne la sensation du libre essor ; 8. A la fin du poème
« Fiançailles », Apollinaire parle de « ce bûcher, le nid de son courage » ; 9. *Rouant* :
faisant la roue. « Voici trois vers traversés de rayons déployés comme la roue d'un
paon cosmique spacieux comme un éden de l'esprit pur. Un paradis de la flamme
et de la fleur spirituelles s'y épand largement au-dessus des ciels changeants »
(M.-J. Durry).

45 L'avenir masqué flambe en traversant les cieux

Nous attendons ton bon plaisir ô mon amie

J'ose à peine regarder la divine mascarade

Quand bleuira sur l'horizon la Désirade[1]

Au-delà de notre atmosphère s'élève un théâtre
50 Que construisit le ver Zamir[2] sans instrument
Puis le soleil revint ensoleiller les places
D'une ville marine apparue contremont[3]
Sur les toits se reposaient les colombes lasses

Et le troupeau de sphinx regagne la sphingerie
55 A petits pas Il orra[4] le chant du pâtre toute la vie
Là-haut le théâtre est bâti avec le feu solide
Comme les astres dont se nourrit le vide

Et voici le spectacle
Et pour toujours je suis assis dans un fauteuil

60 Ma tête mes genoux mes coudes vain pentacle[5]
Les flammes ont poussé sur moi comme des feuilles

Des acteurs inhumains claires bêtes nouvelles
Donnent des ordres aux hommes apprivoisés
Terre
65 O Déchirée que les fleuves ont reprisée

---

1. *Désirade* : voir page 55, note 5; **2.** *Zamir* : M.-J. Durry a découvert l'origine du nom de « cet architecte de l'imaginaire ». Dieu avait interdit d'utiliser le fer, arme guerrière, donc impure, pour tailler les pierres de son temple; Salomon eut recours au ver Zamir, qui a la propriété de fendre les roches par sa seule présence; **3.** On dit ordinairement *à contremont*, avec le sens de « entrant »; **4.** *Orra* : futur du verbe *ouïr*, en ancien français; **5.** *Pentacle* : étoile à cinq sommets dite aussi « signe de Salomon ». On la croyait douée de pouvoirs magiques.

J'aimerais mieux nuit et jour dans les sphingeries
Vouloir savoir pour qu'enfin on m'y dévorât[1]

RHÉNANES

NUIT RHÉNANE

Poème publié en 1911 avec l'indication : Honnef, mai 1902.

Mon verre est plein d'un vin trembleur comme une flamme[2]

---

1. Cette fin reste énigmatique : d'une part, le poète réussit à assister au divin spectacle; d'autre part, il préférerait interroger et se faire dévorer. C'est sans doute que la conquête poétique doit être une perpétuelle recherche qui consume l'être; **2.** Au-delà de l'impression visuelle (éclat intermittent du vin qui brille à travers les facettes du verre), ces mots suggèrent sourdement une ardeur enivrée et dévoratrice *(flamme)* et une inquiétude *(trembleur)*.

■ QUESTIONS

■ SUR LE POÈME « LE BRASIER ». — Quels sont, à votre goût, les plus beaux vers de ce poème? Essayez de dire pourquoi.
— Étudiez l'étrangeté des images.
— Dégagez la structure prosodique de ce poème et justifiez le contraste des strophes d'octosyllabes rimés et des vers irréguliers aux rimes rares.
— Commentez ces lignes de Lockerbie : « Dans « le Brasier », les transitions brusquées, l'accumulation d'aperçus rapides créent une atmosphère étonnamment hermétique — toute voie d'issue est bloquée, le héros est enfermé, et seul à seule avec son angoisse. L'incohérence du récit dans « le Brasier » n'est pas, par conséquent, stérile, puisqu'elle rehausse la lutte et la quête désespérées du héros. »
— L'inspiration de ce texte peut faire songer à ces lignes écrites par Rimbaud à Demeny : « Le poète se fait voyant par un long, immense et raisonné dérèglement de tous les sens. Toutes les formes d'amour, de souffrance, de folie; il cherche lui-même, il épuise en lui tous les poisons, pour n'en garder que les quintessences. Ineffable torture où il a besoin de toute la foi, de toute la force humaine, où il devient entre tous le grand malade, le grand criminel, le grand maudit — et le suprême savant! — Car il arrive à l'Inconnu! [...]. Le poète est vraiment voleur de feu. » D'après ce que vous savez de la vie et de l'œuvre de ces deux poètes, dites chez qui, selon vous, ce thème du « Brasier » correspond à l'expérience la plus vécue.
— Dans *Psychanalyse du feu*, G. Bachelard, définissant le « complexe d'Empédocle », écrit : « La mort dans la flamme est la moins solitaire des morts. C'est vraiment une mort cosmique, où tout un univers s'anéantit avec le penseur. » Plus loin, Bachelard définit l' « eau-de-vie » (ce fut le premier titre prévu par Apollinaire pour *Alcools*) : « La communion de la vie et de la flamme. » Comment ces propos s'appliquent-ils à l'inspiration d'Apollinaire?

Écoutez la chanson lente d'un batelier
Qui raconte avoir vu sous la lune sept femmes
Tordre leurs cheveux verts et longs jusqu'à leurs pieds

5 Debout[1] chantez plus haut en dansant une ronde
Que je n'entende plus le chant du batelier
Et mettez près de moi toutes les filles blondes
Au regard immobile aux nattes repliées

Le Rhin le Rhin est ivre[2] où les vignes se mirent
10 Tout l'or des nuits tombe en tremblant s'y refléter
La voix chante toujours à en râle-mourir[3]
Ces fées aux cheveux verts qui incantent l'été

Mon verre s'est brisé comme un éclat de rire[4]

---

1. Dans un sursaut, le poète veut échapper à l'envoûtement; **2.** Avec effroi, il se rend compte que tout a perdu sa rassurante réalité ordinaire : le Rhin est *ivre*. Ici encore, au-delà de l'impression visuelle d'un fleuve qui reflète le ciel étoilé, ces mots évoquent la séduction des reflets trompeurs et le vertige fasciné *(tombe en tremblant)* [voir la chute de la Loreley, qui s'est mirée dans le fleuve]; **3.** La chanson que le poète voulait étouffer devient à la fois plus mystérieuse (une voix anonyme, sans la vision rassurante du batelier) et plus tragique *(à en râle-mourir)* ; **4.** La menace de mort (du vers 11) commence à se réaliser. Une nouvelle fois, au-delà de l'impression auditive (bruit du verre qui se casse), les derniers mots évoquent la joie cruelle de la puissance maléfique devant son triomphe.

■ QUESTIONS ■

■ SUR LE POÈME « NUIT RHÉNANE ». — Qualifiez l'éclairage de la scène *(flamme, lune, or des nuits)*.

— Montrez la tonalité affective du contraste : *cheveux verts, filles blondes, cheveux longs, nattes repliées*.

— Étudiez la progression dramatique du poème dans l'absence de tout incident (sauf l'événement final).

— Relevez et appréciez les audaces du vocabulaire et de la syntaxe. Commentez l'effet produit par l'enjambement sur l'hémistiche aux vers 1, 2 et 4.

— Justifiez le contraste entre le mouvement souple et continu des vers 2 et 4 et le martèlement nerveux du vers 5. Étudiez les sonorités des vers 9 et 13.

— Commentez le jugement suivant : « Il semble bien que le rôle symbolique du vin soit très important dans ce poème : le secret même de son charme n'est-il pas dans la vibration particulière que le poète réussit à communiquer à chaque mot, à chaque évocation, et dont le « tremblement » du ciel étoilé se reflétant dans le fleuve est une image? Or, le succès de cette « incantation » s'explique par un certain état de ferveur, de transe poétique que l'on peut appeler dionysiaque. Le thème du vin du Rhin fournit à Apollinaire une sorte d'explication, de justification mythique de l'inspiration poétique, où l'on retrouve les éléments du mythe antique de Dionysos » (Pierre Orecchioni, ouvrage cité page 10).

MAI

Publié en 1905 avec l'indication : « Mai 1902 ».

Le mai le joli mai en barque sur le Rhin
Des dames regardaient du haut de la montagne
Vous êtes si jolies mais la barque s'éloigne
Qui donc a fait pleurer les saules riverains

5 Or des vergers fleuris se figeaient en arrière[1]
Les pétales tombés des cerisiers de mai
Sont les ongles de celle que j'ai tant aimée[2]
Les pétales flétris sont comme ses paupières

Sur le chemin du bord du fleuve lentement
10 Un ours un singe un chien menés par des tziganes[3]
Suivaient une roulotte traînée par un âne
Tandis que s'éloignait dans les vignes rhénanes
Sur un fifre lointain un air de régiment[4]

Le mai le joli mai a paré les ruines
15 De lierre de vigne vierge et de rosiers
Le vent du Rhin secoue sur le bord les osiers
Et les roseaux jaseurs et les fleurs nues des vignes[5]

---

1. *Se figeaient :* le mot traduit une impression visuelle; les arbres, après avoir défilé rapidement devant les yeux du poète, semblent immobiles au loin. Mais le mot possède aussi une tonalité affective : il évoque l'immobilité de la mort (*tombés*, vers 6; *flétris*, vers 8); 2. Apollinaire se plaît à ces images, qui mêlent à la nature un érotisme diffus. Mais nous percevons de plus en plus l'obsession du poète, à qui tout rappelle son amour; 3. Au lieu d'apparaître dans la fête du cirque, ces êtres défilent prosaïquement. L'absence de tout adjectif traduit la pauvreté de la réalité; 4. Les musiques régimentaires allemandes étaient composées de fifres; 5. L'ambiance est volontairement équivoque; les notations péjoratives (*ruines, secoue, nues*) sont mêlées aux sensations plus souriantes (*paré, lierre, rosiers, fleurs*) : inquiétante ambiguïté. De toute façon, la joie printanière du premier vers est irrémédiablement fêlée.

━━━ QUESTIONS ━━━

■ Sur le poème « Mai ». — Étudiez l'emploi poétique des temps des verbes.

— Le rythme. Comment le mélange de vers coupés à l'hémistiche et de vers sans symétrie donne-t-il un rythme à la fois régulier et fluide (en accord avec le sentiment de glissement sur le fleuve et dans la vie)? Effet de la rime triplée aux vers 10-12 et de l'allongement de la strophe (la phrase de 5 vers)? Le frisson dû aux coupes du vers 16?

LA LORELEY

Publié en février 1904, ce poème est daté de mai 1902. Mr. Wolf a montré en 1951 qu'Apollinaire suit de près un poème de l'Allemand Clemens Brentano (1801), alors que les Français ne connaissent que le poème célèbre de Heine (1816).

A Jean Sève.

A Bacharach[1] il y avait une sorcière blonde
Qui laissait mourir d'amour tous les hommes à la ronde

Devant son tribunal l'évêque la fit citer
D'avance il l'absolvit[2] à cause de sa beauté

5 O belle Loreley aux yeux pleins de pierreries
De quel magicien tiens-tu ta sorcellerie

Je suis lasse de vivre et mes yeux sont maudits
Ceux qui m'ont regardée évêque en ont péri

Mes yeux ce sont des flammes et non des pierreries
10 Jetez jetez aux flammes cette sorcellerie[3]

Je flambe dans ces flammes ô belle Loreley
Qu'un autre te condamne tu m'as ensorcelé

Évêque vous riez Priez plutôt pour moi la Vierge
Faites-moi donc mourir et que Dieu vous protège

15 Mon amant est parti pour un pays lointain
Faites-moi donc mourir puisque je n'aime rien

Mon cœur me fait si mal il faut bien que je meure
Si je me regardais il faudrait que j'en meure

Mon cœur me fait si mal depuis qu'il n'est plus là
20 Mon cœur me fit si mal du jour où il s'en alla[4]

---

1. *Bacharach* : localité des bords du Rhin, non loin du rocher où Brentano a situé la légende de la Lorelei; 2. Passé simple fantaisiste et faussement archaïque. La seule forme qui serait régulière serait *absolut*, encore n'est-elle attestée dans aucun texte; 3. Jeu de mots sur *flamme*, qui désigne d'abord l'éclat des yeux, dû à la sorcellerie, puis le bûcher. Au vers suivant, l'évêque fait lui aussi un jeu de mots en *flamme*, mais son expression prend une valeur tragique, car cette passion voue l'évêque aux flammes infernales; 4. Le second hémistiche fausse délibérément et avec cacophonie l'alexandrin régulier. « Le poète semble avoir voulu exprimer le détraquement moral causé par le départ du bien-aimé » (R. Derche).

L'évêque fit venir trois chevaliers avec leurs lances
Menez jusqu'au couvent cette femme en démence

Va-t'en Lore en folie va Lore aux yeux tremblants
Tu seras une nonne vêtue de noir et blanc

25 Puis ils s'en allèrent sur la route tous les quatre
La Loreley les implorait et ses yeux brillaient comme des
astres[1]

Chevaliers laissez-moi monter sur ce rocher si haut
Pour voir une fois encore mon beau château

Pour me mirer une fois encore dans le fleuve
30 Puis j'irai au couvent des vierges et des veuves

Là-haut le vent tordait ses cheveux déroulés
Les chevaliers criaient Loreley Loreley

Tout là-bas sur le Rhin s'en vient une nacelle
Et mon amant s'y tient il m'a vue il m'appelle

35 Mon cœur devient si doux c'est mon amant qui vient
Elle se penche alors et tombe dans le Rhin

Pour avoir vu dans l'eau la belle Loreley
Ses yeux couleur du Rhin ses cheveux de soleil[2]

_____

1. En 1904, le vers 26 se lit : « La Loreley au milieu traînant la savate » ; **2.** Grâce aux comparaisons, le personnage se dissout dans le paysage, et la légende dans la réalité.

_____

■ **QUESTIONS** _____

■ SUR LE POÈME « LA LORELEY ». — Faites une comparaison avec le poème de Brentano (voir la Documentation thématique. 1.2.).

— Au vers 31, Apollinaire a rayé sur un manuscrit « elle grimpe au rocher ». Étudiez dans tout le poème l'art de supprimer les indications simplement explicatives sans nuire à la compréhension.

— Comment Apollinaire a-t-il su donner à son poème une teinte moyenâgeuse sans tomber dans le bric-à-brac romantique?

— La musique : les rythmes, les sonorités, l'effet des reprises. — Relevez les libertés prosodiques que se permet Apollinaire. Vous semblent-elles très audacieuses à cette date de 1904?

— Comment la connaissance des autres poèmes ainsi que de certains détails biographiques permet-elle au lecteur de percevoir dans ce récit folklorique l'affleurement de la vie personnelle? (L. C. Breunig a découvert que le père d'Annie Playden disait que les yeux de sa fille étaient cause de péché pour ceux qui la voyaient.)

« Chevaliers laissez-moi monter sur ce rocher si haut. »

LE ROCHER DE LA LORELEI, PRÈS DE SANKT GOARSHAUSEN

BRAQUE ET LES DÉBUTS DU CUBISME : MAISON À L'ESTAQUE (1908)

MARIE LAURENCIN : AUTOPORTRAIT (1905)

SCHINDERHANNES

Publié en 1904. En Rhénanie, Apollinaire entendit de vieilles chansons allemandes qui célébraient ce brigand : arrêté et exécuté en 1803 par les troupes d'occupation françaises, il devint une sorte de héros national. Apollinaire a mis dans cette chanson une verve truculente, qui peut faire songer à une parodie, consciente ou non, des *Fêtes galantes*.

A Marius-Ary Leblond.

Dans la forêt avec sa bande
Schinderhannes s'est désarmé
Le brigand près de sa brigande
Hennit d'amour au joli mai

5   Benzel[1] accroupi lit la Bible
Sans voir que son chapeau pointu
A plume d'aigle sert de cible
A Jacob Born le mal foutu

Juliette Blaesius qui rote
10   Fait semblant d'avoir le hoquet
Hannes pousse une fausse note
Quand Schulz vient portant un baquet

Et s'écrie en versant des larmes
Baquet plein de vin parfumé
15   Viennent aujourd'hui les gendarmes
Nous aurons bu le vin de mai

Allons Julia la mam'zelle
Bois avec nous ce clair bouillon
D'herbes et de vin de Moselle
20   Prosit[2] Bandit en cotillon

Cette brigande est bientôt soûle
Et veut Hannes qui n'en veut pas
Pas d'amour maintenant ma poule
Sers-nous un bon petit repas

---

1. Tous les noms propres de ce texte sont historiques et désignent des gens de la bande de Schinderhannes; **2.** *Prosit :* subjonctif latin (« que cela vous soit favorable ») dont les Allemands accompagnent leurs toasts.

25   Il faut ce soir que j'assassine
        Ce riche juif au bord du Rhin
        Au clair des torches de résine
        La fleur de mai c'est le florin

        On mange alors toute la bande
30   Pète et rit pendant le dîner
        Puis s'attendrit à l'allemande
        Avant d'aller assassiner

LES FEMMES

Publié en janvier 1904, daté de décembre 1901. Loin de chercher à décanter le réel à la manière symboliste, Apollinaire veut rendre toute l'épaisseur de la vie, où se juxtaposent simultanément les remarques banales, les gestes quotidiens, les préoccupations terre à terre et ces grandes réalités que sont l'amour et la mort.

Dans la maison du vigneron les femmes cousent
Lenchen remplis le poêle et mets l'eau du café
Dessus — Le chat s'étire après s'être chauffé
— Gertrude et son voisin Martin enfin s'épousent

5 Le rossignol aveugle[1] essaya de chanter
   Mais l'effraie ululant il trembla dans sa cage
Ce cyprès là-bas a l'air du pape en voyage
Sous la neige — Le facteur vient de s'arrêter

Pour causer avec le nouveau maître d'école
10 *— Cet hiver est très froid le vin sera très bon*
   — Le sacristain sourd et boiteux est moribond
   — La fille du vieux bourgmestre brode une étole

---

1. Pour améliorer le chant des rossignols présentés dans les concours, leurs propriétaires avaient coutume de les aveugler.

——— QUESTIONS ———

■ Sur le poème « Schinderhannes ». — Au vers 2, la première version donne « chante Schinderhannes aimé ». Quelle est la valeur de cette correction?
   — Appréciez l'occupation de Benzel (vers 5), les larmes du vers 13 et l'attendrissement du vers 31. — Pourquoi le retour fréquent du mot *mai* tout au long du poème?
   — Étudiez le style de ce poème. Justifiez l'allure très régulière de la versification et la richesse des rimes.
   — Quand il récitait ces vers dans des réunions amicales, Apollinaire, dit un témoin, appuyait sur le début du vers 30 et hurlait le dernier vers. Étudiez ce goût pour la vulgarité truculente.

Pour la fête du curé La forêt là-bas
Grâce au vent chantait à voix grave de grand orgue
15 Le songe Herr Traum survint avec sa sœur Frau Sorge[1]
Kaethi tu n'as pas bien raccommodé ces bas

— *Apporte le café le beurre et les tartines*
La marmelade le saindoux un pot de lait
— *Encore un peu de café Lenchen s'il te plaît*
20 — *On dirait que le vent dit des phrases latines*[2]

— *Encore un peu de café Lenchen s'il te plaît*
— *Lotte es-tu triste O petit cœur — Je crois qu'elle aime*
— *Dieu garde — Pour ma part je n'aime que moi-même*
— *Chut A présent grand-mère dit son chapelet*

25 — *Il me faut du sucre candi*[3] *Leni je tousse*
—*Pierre mène son furet chasser les lapins*
Le vent faisait danser en rond tous les sapins
Lotte l'amour rend triste — Ilse la vie est douce

La nuit tombait Les vignobles aux ceps tordus
30 Devenaient dans l'obscurité des ossuaires
En neige repliés et gisaient là des suaires
Et des chiens aboyaient aux passants morfondus

Il est mort écoutez La cloche de l'église
Sonnait tout doucement la mort du sacristain
35 *Lise il faut attiser le poêle qui s'éteint*
Les femmes se signaient dans la nuit indécise

Septembre 1901-mai 1902[4].

1. Monsieur le Rêve et Madame la Mélancolie (plus exactement le souci, mais le mot est féminin en allemand); 2. Il s'agit du chant psalmodié de la Liturgie. Ce vers est la traduction en langage parlé du vers 14; 3. *Sucre candi* : sucre de canne en gros cristaux, qui passait pour adoucir la toux; 4. Ces dates se rapportent à l'ensemble des *Rhénanes*.

─── ● QUESTIONS ───

■ Sur le poème « Les Femmes ». — Étudiez la progression du texte et l'harmonisation finale des notations.
— Comparez le style parlé des femmes et le style plus littéraire du poète.
— Montrez la variété de ces alexandrins; indiquez l'intérêt de leur fréquente asymétrie; justifiez, en revanche, la régularité du rythme à partir du vers 31.
— Dégagez dans ce poème les éléments germaniques (détails, imagination) et faites ressortir également sa valeur universelle.
— Comparez ce poème de 1901 aux « poèmes-conversations » de *Calligrammes* (par exemple, *Lundi rue Christine*).

SIGNE

Je suis soumis au Chef du Signe de l'Automne
Partant j'aime les fruits je déteste les fleurs
Je regrette chacun des baisers que je donne
Tel un noyer gaulé dit au vent ses douleurs

5   Mon Automne éternelle ô ma saison mentale
Les mains des amantes d'antan jonchent ton sol
Une épouse me suit c'est mon ombre fatale
Les colombes ce soir prennent leur dernier vol

AUTOMNE MALADE

Ce poème, qui n'a pas été publié avant *Alcools*, se rattache par
l'inspiration, sinon par la rédaction, au séjour rhénan (vers 10
et la variante du vers 22). Les poètes sont généralement sensibles
à l'un ou à l'autre des deux visages opposés de l'automne : les
fruits, triomphe de la fécondité (Saint-Amant, Keats), les feuilles
mortes, mélancolie de la mort prochaine (les romantiques). L'ori-
ginalité d'Apollinaire est de sentir la faiblesse de la vie à l'intérieur
même de la richesse épanouie.

Automne malade et adoré
Tu mourras quand l'ouragan soufflera dans les roseraies
Quand il aura neigé
Dans les vergers

5 Pauvre automne
Meurs en blancheur et en richesse
De neige et de fruits mûrs
Au fond du ciel
Des éperviers planent
10 Sur les nixes[1] nicettes[2] aux cheveux verts et naines
Qui n'ont jamais aimé

Aux lisières lointaines
Les cerfs ont bramé

1. *Nixes* : nymphes des eaux chez les Germains. Ce sont les âmes des filles qui
se noient par désespoir d'amour ; 2. *Nicettes* : féminin de *nicet*, vieux mot signi-
fiant « simple », « sans malice »; mais le mot est appelé ici uniquement par sa
ressemblance de son avec *nixes*.

Et que j'aime ô saison que j'aime tes rumeurs
15 Les fruits tombant sans qu'on les cueille
Le vent et la forêt qui pleurent
Toutes leurs larmes en automne feuille à feuille
   Les feuilles
   Qu'on foule
20 Un train
   Qui roule
   La vie[1]
   S'écoule

CORS DE CHASSE

Publié en septembre 1912 et inspiré par la rupture avec Marie Laurencin en juin. (Voir un commentaire de M.-J. Durry, *Revue des sciences humaines*, octobre-décembre 1956.)

  Notre histoire est noble et tragique
  Comme le masque d'un tyran
  Nul drame hasardeux ou magique

---

1. Version du manuscrit : « le Rhin ».

─────── **QUESTIONS** ───────

■ Sur le poème « Automne malade ». — Relevez ce qu'il y a de ver-lainien dans ce poème et dégagez ce qui est proprement apollinarien.
— Étudiez la musique du texte, les sonorités (en particulier aux vers 2, 6 et 7, 12 et 13, 16 et 17, 18 et 19), l'absence ou la présence des rimes, le rythme (en particulier aux vers 2, 3 et 4, 10 et 11, 14 à 23). Justifiez la brièveté du vers qui termine chaque strophe.
— Le manuscrit présente une rédaction biffée du début du poème :

  Un arbre est tout en or dans le jardin
  L'année a mis
  tout son printemps, tout son été, tout son automne
  à le dorer ainsi
  mais l'hiver vieil avare
  prendra l'or du bel arbre
  qu'il argentera.

Le point de départ est un feuillage doré. Cet or est à la fois richesse et couleur, d'où une double association d'idées *or-hiver avare* et *doré-argenté*. Puis le poète a supprimé cette personnification un peu rhétorique; il a transformé le jeu des couleurs un peu facile en un contraste naturel et original : *neige-verger*, *blancheur-richesse*, et remplacé le mot *doré* par *adoré*, ce qui annonce le vers 14. En quoi la comparaison des deux rédactions permet-elle d'étudier la démarche de l'imagination poétique d'Apollinaire?

Aucun détail indifférent
5   Ne rend notre amour pathétique[1]

Et Thomas de Quincey[2] buvant
L'opium poison doux et chaste[3]
A sa pauvre Anne allait rêvant
Passons passons puisque tout passe
10   Je me retournerai souvent

Les souvenirs sont cors de chasse
Dont meurt le bruit parmi le vent[4]

VENDÉMIAIRE[5]

Premier poème publié sans ponctuation (novembre 1912). Sa date de composition n'est pas attestée, mais divers indices per-

1. Alors que le pathétique émeut de compassion devant le malheur et que le drame fait passer par des alternances d'inquiétude et d'espoir devant une lutte contre le malheur, la volonté irrésistible de la Fatalité *(tyran)* donne à cette histoire d'amour la pureté nue d'une tragédie antique; 2. Thomas De Quincey (1785-1859), auteur des *Confessions d'un mangeur d'opium* (1821); son œuvre avait déjà été étudiée par Baudelaire. Son apparition n'a pas de lien logique avec ce qui précède : mais les images laissent toutes une impression croissante de tristesse et de destruction; 3. Comme l'étreinte physique qu'il remplace *(chaste)*, l'opium ouvre un paradis artificiel, qui ne donne pas l'oubli et conduit à la perdition (poison); 4. « L'immatériel [le souvenir] prête son immatérialité à l'objet [le cor de chasse], et l'objet, resté matériel en même temps que devenu immatériel, étaye le souvenir de façon presque palpable, mais davantage le mêle à l'émanation la plus délicieuse de l'objet : sa musique » (M.-J. Durry); 5. *Vendémiaire* est le mois de la vendange (*vindemia*, en latin); mais, appartenant au calendrier républicain, établi par la Convention, il suggère aussi l'idée d'une libération à l'égard du passé.

───── QUESTIONS ─────

Sur le poème « Cors de chasse ». — Étudiez le rythme et le jeu des rimes.

L'image du cor de chasse a été reprise par l'auteur dans deux poèmes à Lou :

1. O Lou ma grande peine ô Lou mon cœur brisé
   Comme un doux son de cor ta voix sonne et resonne.

2. J'espère dans le Souvenir ô mon amour
   Il rajeunit il embellit lorsqu'il s'efface
   Vous vieillirez Amour vous vieillirez un jour
   Le Souvenir au loin sonne du cor de chasse.

De ces trois passages, lequel préférez-vous? Pourquoi?

— Définissez ce qu'il y a dans ce poème de verlainien, ce qu'il y a d'apollinarien.

mettent de conclure à 1909 (en particulier le vers 93). C'était « peut-être, selon l'auteur, le poème qu'il préférait dans *Alcools* ». C'est, en tout cas, celui qui justifie le mieux le titre du recueil. Dans ce poème difficile, encore peu étudié par les commentateurs, il ne faut pas se contenter de savourer le défilé des images, il faut aussi percevoir la pensée latente : la Vie et l'Univers vendangés par le poète deviennent un vin qui le grise et en fait le maître du Monde ; par la poésie, l'Humanité marche vers sa divinisation.

> Hommes de l'avenir souvenez-vous de moi
> Je vivais à l'époque où finissaient les rois[1]
> Tour à tour ils mouraient silencieux et tristes
> Et trois fois courageux devenaient trismégistes[2]
>
> 5 Que Paris était beau à la fin de septembre
> Chaque nuit devenait une vigne où les pampres
> Répandaient leur clarté sur la ville et là-haut
> Astres mûrs becquetés par les ivres oiseaux
> De ma gloire attendaient la vendange de l'aube
>
> 10 Un soir passant le long des quais déserts et sombres
> En rentrant à Auteuil j'entendis une voix
> Qui chantait gravement se taisant quelquefois
> Pour que parvînt aussi sur les bords de la Seine
> La plainte d'autres voix limpides et lointaines
>
> 15 Et j'écoutai longtemps tous ces chants et ces cris
> Qu'éveillait dans la nuit la chanson de Paris
>
> J'ai soif villes de France et d'Europe et du monde[3]
> Venez toutes couler dans ma gorge profonde
>
> Je vis alors que déjà ivre dans la vigne Paris

---

1. Allusion aux assassinats du roi d'Italie en 1900 et du roi de Portugal en 1908, sans compter de nombreux attentats anarchistes depuis 1880 ; 2. *Trismégistes* : « trois fois grand » (adjectif transcrit du grec et qu'on appliquait presque uniquement à Hermès Trismégiste, créateur légendaire de la magie). D'après le brouillon du poème, il semble qu'Apollinaire avait d'abord écrit : « Mouraient sous les coups d'anarchistes/Qui trois fois courageux. » ; 3. Celui qui parle, c'est à la fois Paris (vers 25 et 52) et le poète (vers 160 et 169).

● **QUESTIONS** ●

● VERS 1-21. Intérêt de l'imparfait *vivais* (vers 2). — Montrez et justifiez la différence de rythme des deux premiers groupes de vers (1-4 et 5-9). — Précisez ce que les vers 5-9 ont de spécifiquement apollinarien. — Étudiez les sonorités du vers 14.

20 Vendangeait le raisin le plus doux de la terre[1]
   Ces grains miraculeux qui aux treilles chantèrent

   Et Rennes répondit avec Quimper et Vannes
   Nous voici ô Paris Nos maisons nos habitants
   Ces grappes de nos sens qu'enfanta le soleil
25 Se sacrifient pour te désaltérer trop avide merveille
   Nous t'apportons tous les cerveaux les cimetières les
      murailles
   Ces berceaux pleins de cris que tu n'entendras pas
   Et d'amont en aval nos pensées ô rivières
   Les oreilles des écoles et nos mains rapprochées
30 Aux doigts allongés nos mains les clochers
   Et nous t'apportons aussi cette souple raison
   Que le mystère clôt comme une porte la maison
   Ce mystère courtois de la galanterie
   Ce mystère fatal fatal d'une autre vie
35 Double raison qui est au-delà de la beauté
   Et que la Grèce n'a pas connue ni l'Orient[2]
   Double raison de la Bretagne où lame à lame
   L'océan châtre peu à peu l'ancien continent

   Et les villes du Nord répondirent gaiement

40 O Paris nous voici boissons vivantes
   Les viriles cités où dégoisent et chantent
   Les métalliques saints de nos saintes usines
   Nos cheminées à ciel ouvert engrossent les nuées
   Comme fit autrefois l'Ixion mécanique[3]

---

1. Paris est le centre de l'art moderne; 2. Les romans bretons ont joué un rôle important dans les origines de la courtoisie. L'âme celte a le sens du mystère et de l'au-delà. Elle va donc plus loin dans la science du monde que l'esprit grec épris avant tout de beauté plastique; 3. *Ixion* voulut séduire la déesse Héra, épouse de son bienfaiteur Zeus. Mais ce dernier donna l'apparence d'Héra à une nuée. De cette union naquirent des êtres fantastiques : les Centaures. De même, la technique moderne donne naissance à des êtres *mécaniques* qui ne sont pas naturels, mais bien *réels* (vers 48).

--- **QUESTIONS** ---

● Vers 22-39. Pensez-vous que cette peinture de la Bretagne soit physiquement et psychologiquement vraie? Et reconnaissez-vous à Apollinaire ce don qu'il s'attribue dans *Cortège* de saisir par une intuition infaillible l'originalité des êtres individuels ou collectifs?

● Vers 40-49. Montrez la « gaieté » des sonorités et des rythmes. Le mot *saint* (vers 42) est-il, selon vous, ironique comme le dit un commentateur? En quoi les deux vers 43 et 44 sont-ils caractéristiques de leur auteur?

45 Et nos mains innombrables
   Usines manufactures fabriques mains
   Où les ouvriers nus semblables à nos doigts
   Fabriquent du réel à tant par heure
   Nous te donnons tout cela

50 Et Lyon répondit tandis que les anges de Fourvières
   Tissaient un ciel nouveau avec la soie des prières

   Désaltère-toi Paris avec les divines paroles
   Que mes lèvres le Rhône et la Saône murmurent
   Toujours le même culte de sa mort renaissant
55 Divise ici les saints et fait pleuvoir le sang¹
   Heureuse pluie ô gouttes tièdes ô douleur
   Un enfant regarde les fenêtres s'ouvrir
   Et des grappes de têtes à d'ivres oiseaux s'offrir

   Les villes du Midi répondirent alors

60 Noble Paris seule raison qui vis encore
   Qui fixes notre humeur selon ta destinée
   Et toi qui te retires Méditerranée²
   Partagez-vous nos corps comme on rompt des hosties³
   Ces très hautes amours et leur danse orpheline
65 Deviendront ô Paris le vin pur que tu aimes

   Et un râle infini qui venait de Sicile⁴

---

1. Allusion probable aux nombreux martyrs chrétiens de Lyon. Faut-il donner à *diviser* le sens — inhabituel — de « déchirer », « décapiter » ? Sinon, on se trouve réduit à songer aux chrétiens séparés par les guerres de religion, qui furent âpres à Lyon (ce qui expliquerait l'opposition : *même culte, divise*); 2. Le mot est pris au figuré : le bassin méditerranéen, jadis centre de la civilisation (Grèce, Rome, a cédé le rôle à Paris); 3. Cette comparaison avec les hosties souligne combien ce poème de la vendange s'inspire du thème du vin eucharistique : offrande (vers 49), sacrifice (vers 25), vin qui est du sang (vers 55, 101 et surtout 123). Il ne s'agit pas d'une parodie ironique, mais d'une transposition. Ici c'est l'humanité qui se divinise (voir vers 125 et ces deux vers de « Collines », 1918) : « L'homme se divinisera/Plus pur, plus vif et plus savant »; 4. Toute la page qui vient évoque en termes obscurs, mais poétiques, la douleur et la mort. Elle fait allusion au tremblement de terre qui ravagea la Sicile en décembre 1908, mais il y a sans doute aussi cette idée que le progrès doit être payé de douleur (voir « Collines ») : « C'est de souffrance et de bonté/Que sera faite la beauté ».

QUESTIONS

● VERS 50-58. Indiquez de quelle synthèse sont faits les deux vers 50 et 51 et appréciez la saveur poétique de cette synthèse. Effet de la place du verbe *s'offrir* (vers 58)?

Signifiait en battement d'ailes ces paroles
Les raisins de nos vignes on les a vendangés
Et ces grappes de morts dont les grains allongés
70 Ont la saveur du sang de la terre et du sel
Les voici pour ta soif ô Paris sous le ciel
Obscurci de nuées faméliques
Que caresse Ixion le créateur oblique
Et où naissent sur la mer tous les corbeaux d'Afrique[1]
75 O raisins Et ces yeux ternes et en famille
L'avenir et la vie dans ces treilles s'ennuyent

Mais où est le regard lumineux des sirènes
Il trompa les marins qu'aimaient ces oiseaux-là
Il ne tournera plus sur l'écueil de Scylla[2]
80 Où chantaient les trois voix suaves et sereines

Le détroit tout à coup avait changé de face
Visages de la chair de l'onde de tout
Ce que l'on peut imaginer
Vous n'êtes que des masques sur des faces masquées

85 Il[3] souriait jeune nageur entre les rives
Et les noyés flottant sur son onde nouvelle
Fuyaient en le suivant les chanteuses plaintives
Elles dirent adieu au gouffre et à l'écueil
A leurs pâles époux couchés sur les terrasses
90 Puis ayant pris leur vol vers le brûlant soleil
Les suivirent dans l'onde où s'enfoncent les astres[4]

Lorsque la nuit revint couverte d'yeux ouverts

---

1. D'après la légende, ce sont les Centaures qui naissent de l'union d'Ixion et de la Nuée, mais les corbeaux conviennent sans doute mieux à cette ambiance funèbre; 2. Dans *l'Odyssée*, Scylla est un monstre qui, dissimulé dans un écueil du détroit de Sicile, saisit et dévore au passage six compagnons d'Ulysse; le poète semble confondre ici Scylla et les sirènes; 3. *Il* : le détroit; 4. Le thème des sirènes est fréquent chez Apollinaire; il prend ici sa couleur la plus désolée, puisque les chanteuses périssent comme les noyés.

QUESTIONS

● VERS 59-93. Pensez-vous qu'il y ait une intention de l'auteur dans le redoublement de l'allusion à Ixion (vers 73)? — Pourquoi Apollinaire a-t-il mis au premier plan le regard des sirènes, alors que la légende ne parle que de leur chant (vers 77)? — Montrez que le vers 84 est plus proche du surréalisme que du symbolisme. — Le passage 77-93 vous semble-t-il de même nature que les réponses des villes précédentes?

Errer au site où l'hydre a sifflé cet hiver
Et j'entendis soudain ta voix impérieuse[1]
95 O Rome
Maudire d'un seul coup mes anciennes pensées
Et le ciel où l'amour guide les destinées

Les feuillards repoussés sur l'arbre de la croix[2]
Et même la fleur de lys qui meurt au Vatican
100 Macèrent dans le vin que je t'offre et qui a
La saveur du sang pur de celui qui connaît
Une autre liberté végétale dont tu
Ne sais pas que c'est elle la suprême vertu

Une couronne du trirègne[3] est tombée sur les dalles
105 Les hiérarques la foulent sous leurs sandales
O splendeur démocratique qui pâlit
Vienne la nuit royale où l'on tuera les bêtes
La louve avec l'agneau l'aigle avec la colombe
Une foule de rois ennemis et cruels
110 Ayant soif comme toi dans la vigne éternelle
Sortiront de la terre et viendront dans les airs[4]
Pour boire de mon vin par deux fois millénaire

La Moselle et le Rhin se joignent en silence
C'est l'Europe qui prie nuit et jour à Coblence
115 Et moi qui m'attardais sur le quai à Auteuil
Quand les heures tombaient parfois comme les feuilles

---

1. *Impérieuse, maudire* : les mots font songer à la condamnation d'une doctrine par le Saint-Office romain. Le vers 98 permet peut-être de découvrir la doctrine condamnée : une conception de la vie où chaque être cherche le bonheur dans la passion amoureuse en écartant toute notion de sacrifice (voir « Zone », vers 86 et 88, et « le Brasier », vers 13-14) ; 2. Rome fait l'éloge du sacrifice *(suprême vertu)* en présentant au monde son vin eucharistique. Dégagée de tout dogme, cette idée du vin, formé par le sang des hommes offerts et broyés, est présente depuis le début du poème. Est-ce pour cette raison que le refus du sacrifice est appelé *anciennes pensées ?* Au thème du sang s'entrelace un thème végétal, étrangement religieux ; la *fleur de lys* doit désigner le Christ ou le christianisme. (Voir « Zone », vers 33) ; 3. *Trirègne :* la tiare qui porte trois couronnes. Le poète se présente ici comme un visionnaire et un prophète. Et, de fait, il est surprenant pour nous d'entendre affirmer avant toute la montée des fascismes cet affaiblissement de l'idéal démocratique. Cette annonce de la cruelle nuit royale est l'antithèse de la prophétie d'Isaïe annonçant la paix et la réconciliation du Loup et de l'Agneau, de la Panthère et du Chevreau, etc. (Isaïe, II, 6) ; 4. Le ton ici est plutôt celui de l'*Apocalypse.*

■ QUESTIONS

● Vers 94-112. Commentez la place à la rime du pronom *tu* (vers 102). Étudiez l'emploi ou le refus de la rime et de l'alexandrin dans ce couplet.

Du cep lorsqu'il est temps j'entendis la prière
Qui joignait la limpidité de ces rivières
O Paris le vin de ton pays est meilleur que celui
120 Qui pousse sur nos bords mais aux pampres du nord
Tous les grains ont mûri pour cette soif terrible
Mes grappes d'hommes forts saignent dans le pressoir
Tu boiras à longs traits tout le sang de l'Europe
Parce que tu es beau et que seul tu es noble
125 Parce que c'est dans toi que Dieu peut devenir[1]
Et tous mes vignerons dans ces belles maisons
Qui reflètent le soir leurs feux dans nos deux eaux
Dans ces belles maisons nettement blanches et noires
Sans savoir que tu es la réalité chantent ta gloire
130 Mais nous liquides mains jointes pour la prière
Nous menons vers le sel les eaux aventurières
Et la ville entre nous comme entre des ciseaux
Ne reflète en dormant nul feu dans ses deux eaux
Dont quelque sifflement lointain parfois s'élance
135 Troublant dans leur sommeil les filles de Coblence
Les villes répondaient maintenant par centaines
Je ne distinguais plus leurs paroles lointaines
Et Trèves la ville ancienne
A leur voix mêlait la sienne

140 L'univers tout entier concentré dans ce vin
Qui contenait les mers les animaux les plantes
Les cités les destins et les astres qui chantent
Les hommes à genoux sur la rive du ciel
Et le docile fer notre bon compagnon
145 Le feu qu'il faut aimer comme on s'aime soi-même[2]
Tous les fiers trépassés qui sont un sous mon front[3]
L'éclair qui luit ainsi qu'une pensée naissante
Tous les noms six par six les nombres un à un
Des kilos de papier tordus comme des flammes

---

1. Paris apparaît comme la pointe avancée de l'évolution par laquelle Dieu naît, c'est-à-dire l'Humanité se divinise; 2. A rapprocher du *Brasier*; 3. Alors que Marinetti déclarait : « Le temps et l'espace sont morts hier, nous vivons déjà dans l'Absolu », Apollinaire en allant de l'avant ne veut pas renier les « secourables mânes ».

■ QUESTIONS ────────────────

● Vers 113-135. Y a-t-il contradiction entre les vers 127 et 133? — Quelle analogie y a-t-il entre cette marche des eaux *vers le sel* et la transformation de l'Univers en un *vin pur?* — Qualifiez l'image du vers 132.

150 Et ceux-là qui sauront blanchir nos ossements
   Les bons vers immortels qui s'ennuient patiemment
   Des armées rangées en bataille
   Des forêts de crucifix et mes demeures lacustres
   Au bord des yeux de celle que j'aime tant
155 Les fleurs qui s'écrient hors de bouches
   Et tout ce que je ne sais pas dire
   Tout ce que je ne connaîtrai jamais
   Tout cela tout cela changé en ce vin pur
   Dont Paris avait soif
160 Me fut alors présenté

   Actions belles journées sommeils terribles
   Végétation Accouplements musiques éternelles
   Mouvements Adorations douleur divine
   Mondes qui vous ressemblez et qui nous ressemblez[1]

---

1. Selon les doctrines occultistes, l'Homme est un abrégé (microcosme) de l'Univers (macrocosme).

QUESTIONS

● VERS 136-174. Étudiez la diversité des images et le mouvement de la séquence 140-160, la construction stylistique et le rythme de la séquence suivante 161-165, et comparez. — A quel vers se trouve le sommet dramatique du poème? — Effet de la répétition du mot *Univers*. Commentez l'affirmation d'une totale liberté à la fin du poème.

■ SUR L'ENSEMBLE DU POÈME « VENDÉMIAIRE ». — Quelle est la note dominante de ce poème? Quel est l'intérêt de sa place à la fin d'*Alcools*?
   — Quelle signification est englobée dans ce mythe? Comment Apollinaire a-t-il échappé au didactisme?
   — Relevez les images qui assimilent le paysage à un vaste corps humain. Préférez-vous ou regrettez-vous que cette assimilation ne se fasse que par de brefs éclairs?
   — Quels sont les organes des sens particulièrement intéressés dans ce poème?
   — Quel était le péril sur le plan littéraire de cette énumération de villes? Comment Apollinaire l'a-t-il évité?
   — Étudiez la progression du texte.
   — En plus des effets locaux, quelle est l'impression d'ensemble produite par cette prosodie où se mélangent vers irréguliers et réguliers, rimes, assonances, et fins de vers laissées sans écho?
   — Vous semble-t-il que l'Univers et même l'Europe soient suffisamment représentés par le choix des villes qui interviennent ici? D'une façon générale, le cosmopolitisme d'Apollinaire vous semble-t-il nourri par une expérience suffisante pour ses intentions? Comparez sur ce point Apollinaire, Larbaud et Cendrars.
   — Relevez dans ce poème ce qui peut être rattaché à l'unanimisme*, au dramatisme*, et dégagez l'originalité d'Apollinaire.

165 Je vous ai bus et ne fus pas désaltéré
Mais je connus dès lors quelle saveur a l'univers
Je suis ivre d'avoir bu tout l'univers
Sur le quai d'où je voyais l'onde couler et dormir les
   bélandres[1]

Écoutez-moi je suis le gosier de Paris
Et je boirai encore s'il me plaît l'univers

Écoutez mes chants d'universelle ivrognerie

Et la nuit de septembre s'achevait lentement
Les feux rouges des ponts s'éteignaient dans la Seine
Les étoiles mouraient le jour naissait à peine

---

1. *Bélandres :* péniches. Cette vue réaliste contraste avec l'ivresse qui précé-
dait, mais les derniers mots du poème peuvent avoir un sens symbolique.

DOCUMENTATION THÉMATIQUE

réunie par la rédaction des Nouveaux Classiques Larousse

1. Le travail de l'artiste :

     1.1. Une variante de « la Chanson du Mal-Aimé » ;

     1.2. La « Lore Lay » de Brentano ;

     1.3. « Le Pont Mirabeau » et une Chanson de toile.

2. Apollinaire et Cendrars.

3. « Le Brasier » et « Onirocritique » (*Il y a*).

4. *Alcools* et *Rhénanes* (1901-1902) :

     Un soir d'été ;
     Elégie ;
     Mille Regrets ;
     Passion ;
     Crépuscule ;
     la Vierge à la fleur de haricot à Cologne ;
     Plongeon ;
     les Bacs ;
     le Dôme de Cologne.

1. LE TRAVAIL DE L'ARTISTE

1.1. UNE VARIANTE DE « LA CHANSON DU MAL-AIMÉ »

> On comparera aux vers 31-45 de « la Chanson » ces
> deux variantes, données par Jeanine Moulin, dans
> Guillaume Apollinaire, *Textes : inédits*, 1952.

L'époux royal de Sacontale
Las de vaincre se réjouit
Lorsqu'il la retrouva plus pâle
Des larmes d'amour yeux pâlis
Caressant sa gazelle mâle.

          Et Thomas de Quincey, buvant
          L'opium poison doux et chaste

J'ai pensé aux amants heureux
Lorsque le faux amour et celle
Dont je suis encore amoureux
Heurtant leurs ombres infidèles

Ma maîtresse aux beautés sans nombre

. . . .
Pour son sourire des ricombres
Etaient morts Des pauvres fameux
Pour elle eussent vendu leur ombre

1.2. LA « LORE LAY » DE BRENTANO

A Bacharach au bord du Rhin
Habitait une sorcière,
Elle était si belle, si jolie,
Qu'elle ravissait tous les cœurs.

Elle faisait la perte
Des hommes tout à la ronde,
Nul ne pouvait échapper
Aux chaînes de son amour.

L'évêque la fit citer
Devant l'autorité religieuse
Et dut la gracier,
Si grande était sa beauté.

Il lui dit, ému :
« Pauvre Lore Lay !
Qui donc t'a fourvoyée
En ce mauvais enchantement ? »

— « Monsieur l'Evêque, laissez-moi mourir
Je suis lasse de vivre,
Car celui qui voit mes yeux
Doit périr.

Mes yeux sont deux flammes,
Mon bras, une baguette magique,
Mettez-moi dans les flammes,
Brisez ma baguette magique ! »

— « Je ne peux pas te condamner
Avant que tu ne me révèles
Pourquoi mon cœur déjà
Flambe dans tes flammes.

Ta baguette magique, je ne puis la briser
Toi, belle Lore Lay !
C'est mon propre cœur
Qu'il me faudrait déchirer ! »

— « Monsieur l'Evêque, ne vous moquez pas de moi,
Pauvre créature,
Et demandez miséricorde
Au bon Dieu pour moi !

Je ne dois vivre plus longtemps,
Je n'aime plus personne.
Vous devez me donner la mort
C'est pour cela que je suis venue à vous !

Mon bien-aimé m'a trompée,
Il s'est détourné de moi,
Il m'a quittée, il est parti loin,
Dans un pays étranger.

Des yeux doux et farouches,
Des joues rouges et blanches
Des mots suaves et tendres,
Voilà mon cercle magique.

Moi-même je dois en périr,
Le cœur me fait si mal,
Je voudrais mourir de douleur
En voyant ma propre image.

C'est pourquoi faites-moi justice,
Faites-moi mourir en chrétienne !
Car tout doit disparaître,
Parce qu'il n'est pas auprès de moi. »

Il fait chercher trois chevaliers :
« Emmenez-la au couvent !
Va Lore ! que ton esprit égaré
Soit recommandé à Dieu !

Tu vas devenir une petite nonne,
Une petite nonne noire et blanche
Prépare-toi sur terre
Au déchirement de ta mort ! »

Maintenant ils chevauchent vers le couvent,
Les trois chevaliers,
Et triste, au milieu d'eux,
La belle Lore Lay.

« Ô chevaliers, laissez-moi
Aller sur ce grand rocher,
Je veux regarder encore une fois
Le château de mon amant.

Je veux encore une fois regarder
Les eaux profondes du Rhin,
Puis j'irai au couvent
Et serai la vierge de Dieu. »

Le rocher est si escarpé,
Ses parois sont si abruptes,
Ils grimpent et s'élèvent,
Alors elle s'avança près du bord.

Les trois chevaliers attachent
Les chevaux en bas,
Et continuent toujours
A gravir le rocher.

La jeune fille parla : « Là se balance
Une voile sur le Rhin.
Celui qui est dans le petit bateau,
Ne peut être que mon amant !

Mon cœur devient si gai,
Il faut qu'il soit mon bien-aimé ! »
Elle se penche alors
Et tombe dans le Rhin.

Les chevaliers durent mourir,
Ils ne pouvaient pas redescendre,
Ils durent tous périr,
Sans prêtre et sans sépulture !

Qui a chanté ce chant ?
Un batelier sur le Rhin,
Et toujours retentit
De la pierre des trois chevaliers :

Lore Lay !
Lore Lay !
Lore Lay !
Comme s'ils venaient tous trois de moi.

Traduction de Marie-Thérèse Eudes.

1.3. « LE PONT MIRABEAU »
ET UNE CHANSON DE TOILE

> Dans cette chanson de toile médiévale (texte modernisé),
> intitulée Gaie et Oriar, on observera le mouvement stro-
> phique que l'on comparera à celui du poème d'Apollinaire.

GAIE ET ORIOUR

Lou samedi a soir, fat la semainne,
Gaiete et Oriour, seeurs germainnes,
main en main vont baigner a la fontainne.
    vante l'ore et li raim crollent[1] :
    qui s'antraimment souef[2] dorment.

L'enfans Gerais revient de la quintainne,
s'ait choisie Gaiete sor la fontainne,
antre ces bras l'ait pris, souef l'a strainte.
    vante l'ore et li raim crollent :
    qui s'antraimment souef dorment.

« Quant avras, Orriour, de l'ague prise,
reva toi an arriere, bien sais la vile :
ja remanrai Gerairt[3] que bien me priset ;
    vante l'ore et li raim crollent :
    qui s'antraimment souef dorment.

Or s'en vat Oriour teinte et marrie ;
des yeuls s'en vat plorant, de cuer sospire,
quant Gaie sa seeur n'anmoinnet[4] mie.
    vante l'ore et li raim crollent :
    qui s'antraimment souef dorment.

« Laise », fait Oriour, « com mar fui nee[5]
j'ai laxiet ma seeur en la vallee.
l'enfant Gerairs l'anmoine an sa contree. »
        vante l'ore et li raim crollent :
        qui s'antraimment souef dorment.

L'enfans Gerairs et Gaie s'an sont torneit,
lor droit chemin ont pris vers la citeit :
tantost com il i vint, l'air espouseit.
        vante l'ore et li raim crollent :
        qui s'antraimment souef dorment.

2. APOLLINAIRE ET CENDRARS

> On rapprochera de « Zone », les « Pâques à New York »
> de Cendrars, non qu'il y ait eu inspiration de la part
> d'Apollinaire, mais pour l'intérêt d'une telle rencontre
> entre les deux poètes d'un même moment (© Editions
> Denoël, B. Cendrars, Œuvres complètes).

à Agnès

PÂQUES À NEW YORK

Flecte ramos, arbor alta, tensa laxa viscera
Et rigor lentescat ille quem dedit nativitas
Ut superni membra Regis miti tendas stipide...
                              FORTUNAT, *Pange lingua.*

Fléchis tes branches, arbre géant, relâche un peu la tension des
                                                    [viscères,
Et que ta rigueur naturelle s'alentisse,
N'écartèle pas si rudement les membres du Roi supérieur...
                              REMY DE GOURMONT, *Le Latin mystique.*

Seigneur, c'est aujourd'hui le jour de votre Nom,
J'ai lu dans un vieux livre la geste de votre Passion,

Et votre angoisse et vos efforts et vos bonnes paroles
qui pleurent dans le livre, doucement monotones.

Un moine d'un vieux temps me parle de votre mort.
Il traçait votre histoire avec des lettres d'or

---

1. L'air vente et les branches tombent ; 2. Doucement ; 3. Je resterai avec
Gérard ; 4. Emmène ; 5. Je suis née pour mon malheur.

Dans un missel, posé sur ses genoux.
Il travaillait pieusement en s'inspirant de Vous.

A l'abri de l'autel, assis dans sa robe blanche,
Il travaillait lentement du lundi au dimanche.

Les heures s'arrêtaient au seuil de son retrait.
Lui, s'oubliait, penché sur votre portrait.

A vêpres, quand les cloches psalmodiaient dans la tour,
Le bon frère ne savait si c'était son amour

Ou si c'était le Vôtre, Seigneur, ou votre Père
Qui battait à grands coups les portes du monastère.

Je suis comme ce bon moine, ce soir, je suis inquiet.
Dans la chambre à côté, un être triste et muet

Attend derrière la porte, attend que je l'appelle!
C'est Vous, c'est Dieu, c'est moi, — c'est l'Eternel.

Je ne Vous ai pas connu alors, — ni maintenant.
Je n'ai jamais prié quand j'étais un petit enfant.

Ce soir pourtant je pense à Vous avec effroi.
Mon âme est une veuve en deuil au pied de votre Croix;

Mon âme est une veuve en noir, — c'est votre Mère
Sans larme et sans espoir, comme l'a peinte Carrière.

Je connais tous les Christs qui pendent dans les musées;
Mais Vous marchez, Seigneur, ce soir à mes côtés.

Je descends à grands pas vers le bas de la ville,
Le dos voûté, le cœur ridé, l'esprit fébrile.

Votre flanc grand-ouvert est comme un grand soleil
Et vos mains tout autour palpitent d'étincelles.

Les vitres des maisons sont toutes pleines de sang
Et les femmes, derrière, sont comme des fleurs de sang,

D'étranges mauvaises fleurs flétries, des orchidées,
Calices renversés ouverts sous vos trois plaies.

Votre sang recueilli, elles ne l'ont jamais bu.
Elles ont du rouge aux lèvres et des dentelles au cul.

Les fleurs de la Passion sont blanches, comme des cierges,
Ce sont les plus douces fleurs au Jardin de la Bonne Vierge.

C'est à cette heure-ci, c'est vers la neuvième heure,
Que votre Tête, Seigneur, tomba sur votre Cœur.

Je suis assis au bord de l'océan
Et je me remémore un cantique allemand,

Où il est dit, avec des mots très doux, très simples, très purs,
La beauté de votre Face dans la torture.

Dans une église, à Sienne, dans un caveau,
J'ai vu la même Face, au mur, sous un rideau.

Et dans un ermitage, à Bourrié-Wladislasz,
Elle est bossuée d'or dans une châsse.

De troubles cabochons sont à la place des yeux
Et des paysans baisent à genoux Vos yeux.

Sur le mouchoir de Véronique Elle est empreinte
Et c'est pourquoi Sainte Véronique est Votre sainte.

C'est la meilleure relique promenée par les champs,
Elle guérit tous les malades, tous les méchants.

Elle fait encore mille et mille autres miracles,
Mais je n'ai jamais assisté à ce spectacle.

Peut-être que la foi me manque, Seigneur, et la bonté
Pour voir ce rayonnement de votre Beauté.

Pourtant, Seigneur, j'ai fait un périlleux voyage
Pour contempler dans un béryl l'intaille de votre image.

Faites, Seigneur, que mon visage appuyé dans les mains
Y laisse tomber le masque d'angoisse qui m'étreint.

Faites, Seigneur, que mes deux mains appuyées sur ma bouche
N'y lèchent pas l'écume d'un désespoir farouche.

Je suis triste et malade. Peut-être à cause de Vous,
Peut-être à cause d'un autre. Peut-être à cause de Vous.

Seigneur, la foule des pauvres pour qui vous fîtes le Sacrifice
Est ici, parquée, tassée, comme du bétail, dans les hospices.

D'immenses bateaux noirs viennent des horizons
Et les débarquent, pêle-mêle, sur les pontons.

Il y a des Italiens, des Grecs, des Espagnols,
Des Russes, des Bulgares, des Persans, des Mongols.

Ce sont des bêtes de cirque qui sautent les méridiens.
On leur jette un morceau de viande noire, comme à des chiens.

C'est leur bonheur à eux que cette sale pitance.
Seigneur, ayez pitié des peuples en souffrance.

Seigneur dans les ghettos grouille la tourbe des Juifs
Ils viennent de Pologne et sont tous fugitifs.

Je le sais bien, ils t'ont fait ton Procès;
Mais je t'assure, ils ne sont pas tout à fait mauvais.

Ils sont dans des boutiques sous des lampes de cuivre,
Vendent des vieux habits, des armes et des livres.

Rembrandt aimait beaucoup les peindre dans leurs défroques.
Moi, j'ai, ce soir, marchandé un microscope.

Hélas! Seigneur, Vous ne serez plus là, après Pâques!
Seigneur, ayez pitié des Juifs dans les baraques.

Seigneur, les humbles femmes qui vous accompagnèrent à Golgotha,
Se cachent. Au fond des bouges, sur d'immondes sophas,

Elles sont polluées par la misère des hommes.
Des chiens leur ont rongé les os, et dans le rhum

Elles cachent leur vice endurci qui s'écaille.
Seigneur, quand une de ces femmes me parle, je défaille.

Je voudrais être Vous pour aimer les prostituées,
Seigneur, ayez pitié des prostituées.

Seigneur, je suis dans le quartier des bons voleurs,
Des vagabonds, des va-nu-pieds, des receleurs.

Je pense aux deux larrons qui étaient avec vous à la Potence,
Je sais que vous daignez sourire à leur malchance.

Seigneur, l'un voudrait une corde avec un nœud au bout,
Mais ça n'est pas gratis, la corde, ça coûte vingt sous.

Il raisonnait comme un philosophe, ce vieux bandit.
Je lui ai donné de l'opium pour qu'il aille plus vite en paradis.

Je pense aussi aux musiciens des rues,
Au violoniste aveugle, au manchot qui tourne l'orgue de Barbarie,

A la chanteuse au chapeau de paille avec des roses de papier ;
Je sais que ce sont eux qui chantent durant l'éternité.

Seigneur, faites-leur l'aumône, autre que de la lueur des becs de gaz,
Seigneur, faites-leur l'aumône de gros sous ici-bas.

Seigneur, quand vous mourûtes, le rideau se fendit,
Ce que l'on vit derrière, personne ne l'a dit.

La rue est dans la nuit comme une déchirure,
Pleine d'or et de sang, de feu et d'épluchures.

Ceux que vous aviez chassés du temple avec votre fouet,
Flagellent les passants d'une poignée de méfaits.

L'Etoile qui disparut alors du tabernacle,
Brûle sur les murs dans la lumière crue des spectacles.

Seigneur, la Banque illuminée est comme un coffre-fort,
Où s'est coagulé le Sang de votre mort.

Les rues se font désertes et deviennent plus noires.
Je chancelle comme un homme ivre sur les trottoirs.

J'ai peur des grands pans d'ombre que les maisons projettent.
J'ai peur. Quelqu'un me suit. Je n'ose tourner la tête.

Un pas clopin-clopant saute de plus en plus près.
J'ai peur. J'ai le vertige. Et je m'arrête exprès.

Un effroyable drôle m'a jeté un regard
Aigu, puis a passé, mauvais, comme un poignard.

Seigneur, rien n'a changé depuis que vous n'êtes plus Roi.
Le Mal s'est fait une béquille de votre Croix.

Je descends les mauvaises marches d'un café
Et me voici, assis, devant un verre de thé.

Je suis chez des Chinois, qui comme avec le dos
Sourient, se penchent et sont polis comme des magots.

La boutique est petite, badigeonnée de rouge
Et de curieux chromos sont encadrés dans du bambou.

Ho-Kousaï a peint les cent aspects d'une montagne.
Que serait votre Face peinte par un Chinois ?...

Cette dernière idée, Seigneur, m'a d'abord fait sourire.
Je vous voyais en raccourci dans votre martyre.

Mais le peintre, pourtant, aurait peint votre tourment
Avec plus de cruauté que nos peintres d'Occident.

Des lames contournées auraient scié vos chairs,
Des pinces et des peignes auraient strié vos nerfs,

On vous aurait passé le col dans un carcan,
On vous aurait arraché les ongles et les dents,

D'immenses dragons noirs se seraient jetés sur Vous,
Et vous auraient soufflé des flammes dans le cou,

On vous aurait arraché la langue et les yeux,
On vous aurait empalé sur un pieu.

Ainsi, Seigneur, vous auriez souffert toute l'infamie,
Car il n'y a pas de plus cruelle posture.

Ensuite, on vous aurait forjeté aux pourceaux
Qui vous auraient rongé le ventre et les boyaux.

Je suis seul à présent, les autres sont sortis,
Je me suis étendu sur un banc contre le mur.

J'aurais voulu entrer, Seigneur, dans une église ;
Mais il n'y a pas de cloches, Seigneur, dans cette ville.

Je pense aux cloches tues : — où sont les cloches anciennes ?
Où sont les litanies et les douces antiennes ?

Où sont les longs offices et où sont les beaux cantiques ?
Où sont les liturgies et les musiques ?

Où sont tes fiers prélats, Seigneur, où tes nonnains?
Où l'aube blanche, l'amict des Saintes et des Saints?

La joie du Paradis se noie dans la poussière,
Les feux mystiques ne rutilent plus dans les verrières.

L'aube tarde à venir, et dans le bouge étroit
Des ombres crucifiées agonisent aux parois.

C'est comme un Golgotha de nuit dans un miroir
Que l'on voit trembloter en rouge sur du noir.

La fumée, sous la lampe, est comme un linge déteint
Qui tourne, entortillé, tout autour de vos reins.

Par au-dessus, la lampe pâle est suspendue,
Comme votre Tête, triste et morte et exsangue.

Des reflets insolites palpitent sur les vitres...
J'ai peur, — et je suis triste, Seigneur, d'être si triste.

« Dic nobis, Maria, quid vidisti in via? »
— La lumière frissonner, humble dans le matin.

« Dic nobis, Maria, quid vidisti in via? »
— Des blancheurs éperdues palpiter comme des mains.

« Dic nobis, Maria, quid vidisti in via? »
— L'augure du printemps tressaillir dans mon sein.

Seigneur, l'aube a glissé froide comme un suaire
Et a mis tout à nu les gratte-ciel dans les airs.

Déjà un bruit immense retentit sur la ville.
Déjà les trains bondissent, grondent et défilent.

Les métropolitains roulent et tonnent sous terre.
Les ponts sont secoués par les chemins de fer.

La cité tremble. Des cris, du feu et des fumées,
Des sirènes à vapeur rauquent comme des huées.

Une foule enfiévrée par les sueurs de l'or
Se bouscule et s'engouffre dans de longs corridors.

Trouble, dans le fouillis empanaché des toits,
Le soleil, c'est votre Face souillée par les crachats.

Seigneur, je rentre fatigué, seul et très morne...
Ma chambre est nue comme un tombeau...

Seigneur, je suis tout seul et j'ai la fièvre...
Mon lit est froid comme un cercueil...

Seigneur, je ferme les yeux et je claque des dents...
Je suis trop seul. J'ai froid. Je vous appelle...

Cent mille toupies tournoient devant mes yeux...
Non, cent mille femmes... Non, cent mille violoncelles...

Je pense, Seigneur, à mes heures malheureuses...
Je pense, Seigneur, à mes heures en allées...

Je ne pense plus à Vous. Je ne pense plus à Vous.

New York, avril 1912.

3. « LE BRASIER » ET « ONIROCRITIQUE »

(IL Y A)

> Apollinaire écrivait du « Brasier » qu'il rapprochait des
> « Fiançailles » : « Ils sont parents de l'*Onirocritique* et
> de l'article sur Royère. Je ne cherche qu'un lyrisme neuf
> et humaniste à la fois » (Lettre à Toussaint Lucas,
> 11 mai 1908). On en jugera d'après le texte d' « Oniro-
> critique » (Gallimard, Bibl. de la Pléiade, 1959).

ONIROCRITIQUE

Les charbons du ciel étaient si proches que je craignais
leur ardeur. Ils étaient sur le point de me brûler. Mais
j'avais la conscience des éternités différentes de l'homme
et de la femme. Deux animaux dissemblables s'accou-
plaient et les rosiers provigniaient des treilles qu'alourdis-
saient des grappes de lunes. De la gorge du singe il sortit
des flammes qui fleurdelisèrent le monde. Dans les myr-
taies une hermine blanchissait. Nous lui demandâmes la
raison du faux hiver. J'avalai des troupeaux basanés.

Orkenise parut à l'horizon. Nous nous dirigeâmes vers cette ville en regrettant les vallons où les pommiers chantaient, sifflaient et rugissaient. Mais le chant des champs labourés était merveilleux :

> Par les portes d'Orkenise
> Veut entrer un charretier.
> Par les portes d'Orkenise
> Veut sortir un va-nu-pieds.

> Et les gardes de la ville
> Courant sus au va-nu-pieds :
> « — Qu'emportes-tu de la ville ? »
> « — J'y laisse mon cœur entier. »

> Et les gardes de la ville
> Courant sus au charretier :
> « — Qu'apportes-tu dans la ville ? »
> « — Mon cœur pour me marier. »

> Que de cœurs dans Orkenise !
> Les gardes riaient, riaient,
> Va-nu-pieds la route est grise,
> L'amour grise, ô charretier.

> Les beaux gardes de la ville,
> Tricotaient superbement ;
> Puis, les portes de la ville,
> Se fermèrent lentement.

Mais, j'avais la conscience des éternités différentes de l'homme et de la femme. Le ciel allaitait ses pards. J'aperçus alors sur ma main des taches cramoisies. Vers le matin, des pirates emmenèrent neuf vaisseaux ancrés dans le port. Les monarques s'égayaient. Et les femmes ne voulaient pleurer aucun mort. Elles préférent les vieux rois, plus forts en amour que les vieux chiens. Un sacrificateur désira être immolé au lieu de la victime. On lui ouvrit le ventre. J'y vis quatre I, quatre O, quatre D. On nous servit de la viande fraîche et je grandis subitement après en avoir mangé. Des singes pareils à leurs arbres violaient d'anciens tombeaux. J'appelai une de ces bêtes sur qui poussaient des feuilles de laurier. Elle m'apporta une tête faite d'une seule perle. Je la pris dans mes bras et l'interrogeai après l'avoir menacée de la rejeter dans la mer si elle ne me répondait pas. Cette perle était ignorante et la mer l'engloutit.
Mais, j'avais la conscience des éternités différentes de l'homme et de la femme. Deux animaux dissemblables

s'aimaient. Cependant les rois seuls ne mouraient point de ce rire et vingt tailleurs aveugles vinrent dans le but de tailler et de coudre un voile destiné à couvrir la sardoine. Je les dirigeai moi-même, à reculons. Vers le soir, les arbres s'envolèrent, les singes devinrent immobiles et je me vis au centuple. La troupe que j'étais s'assit au bord de la mer. De grands vaisseaux d'or passaient à l'horizon. Et quand la nuit fut complète, cent flammes vinrent à ma rencontre. Je procréai cent enfants mâles dont les nourrices furent la lune et la colline. Ils aimèrent les rois désossés que l'on agitait sur les balcons. Arrivé au bord d'un fleuve je le pris à deux mains et le brandis. Cette épée me désaltéra. Et, la source languissante m'avertit que si j'arrêtais le soleil je le verrais carré, en réalité. Centuplé, je nageai vers un archipel. Cent matelots m'accueillirent et m'ayant mené dans un palais, ils m'y tuèrent quatre-vingt-dix-neuf fois. J'éclatai de rire à ce moment et dansai tandis qu'ils pleuraient. Je dansai à quatre pattes. Les matelots n'osaient plus bouger, car j'avais l'aspect effrayant du lion.

A quatre pattes, à quatre pattes.

Mes bras, mes jambes se ressemblaient et mes yeux multipliés me couronnaient attentivement. Je me relevai ensuite pour danser comme les mains et les feuilles.

J'étais ganté. Les insulaires m'emmenèrent dans leurs vergers pour que je cueillisse des fruits semblables à des femmes. Et l'île, à la dérive, alla combler un golfe où du sable aussitôt poussèrent des arbres rouges. Une bête molle couverte de plumes blanches chantait ineffablement et tout un peuple l'admirait sans se lasser. Je retrouvai sur le sol la tête faite d'une seule perle qui pleurait. Je brandis le fleuve et la foule se dispersa. Des vieillards mangeaient l'ache et immortels ne souffraient pas plus que les morts. Je me sentis libre, libre comme une fleur en sa saison. Le soleil n'était pas plus libre qu'un fruit mûr. Un troupeau d'arbres broutait les étoiles invisibles et l'aurore donnait la main à la tempête. Dans les myrtaies, on subissait l'influence de l'ombre. Tout un peuple entassé dans un pressoir saignait en chantant. Des hommes naquirent de la liqueur qui coulait du pressoir. Ils brandissaient d'autres fleuves qui s'entrechoquaient avec un bruit argentin. Les ombres sortirent des myrtaies et s'en allèrent dans les jardinets qu'arrosait un surgeon d'yeux d'hommes et de bêtes. Le plus beau des hommes me prit à la gorge, mais je parvins à le terrasser. A genoux, il me montra les dents. Je les touchai. Il en sortit des sons qui se changèrent en serpents de la couleur des châtaignes et leur langue s'appelait Sainte Fabeau. Ils déterrèrent une racine transparente et en mangèrent. Elle était de la grosseur d'une rave.

Et mon fleuve au repos les surbaigna sans les noyer. Le ciel était plein de fèces et d'oignons. Je maudissais les astres indignes dont la clarté coulait sur la terre. Nulle créature vivante n'apparaissait plus. Mais des chants s'élevaient de toutes parts. Je visitai des villes vides et des chaumières abandonnées. Je ramassai les couronnes de tous les rois et en fis le ministre immobile du monde loquace. Des vaisseaux d'or, sans matelots, passaient à l'horizon. Des ombres gigantesques se profilaient sur les voiles lointaines. Plusieurs siècles me séparaient de ces ombres. Je me désespérai. Mais, j'avais la conscience des éternités différentes de l'homme et de la femme. Des ombres dissemblables assombrissaient de leur amour l'écarlate des voilures, tandis que mes yeux se multipliaient dans les fleuves, dans les villes et sur la neige des montagnes.

4. *ALCOOLS ET RHÉNANES* (1901-1902)

On comparera à la section *d'Alcools* de même titre ces poèmes qui composent le recueil de 1901-1902 (Gallimard, Bibl. de la Pléiade, 1959).

UN SOIR D'ÉTÉ

Le Rhin
Qui coule
Un train
Qui roule

Des nixes blanches
Sont en prière
Dans la bruyère

Toutes les filles
A la fontaine
J'ai tant de peine

J'ai tant d'amour
Dit la plus belle
Qu'il soit fidèle

Et moi je l'aime
Dit sa marraine
J'ai la migraine

A la fontaine
J'ai tant de haine

ÉLÉGIE

Le ciel et les oiseaux venaient se reposer
Sur deux cyprès que le vent tiède enlaçait presque
Comme un couple d'amants à leur dernier baiser
La maison près du Rhin était si romanesque

Avec ses grandes fenêtres son toit pointu
Sur lequel criait par instants la girouette
Au vent qui demandait si doucement Qu'as-tu
Et sur la porte était clouée une chouette

Nous parlions dans le vent auprès d'un petit mur
Ou lisions l'inscription d'une pierre mise
A cette place en souvenir d'un meurtre et sur
Laquelle bien souvent tu t'es longtemps assise

— Gottfried apprenti de Brühl l'an seize cent trente
            Ici fut assassiné
Sa fiancée en eut une douleur touchante
Requiem æternam dona ei Domine —

Le soleil au déclin empourprait la montagne
Et notre amour saignait comme les groseilliers
Puis étoilant ce pâle automne d'Allemagne
La nuit pleurant des lueurs mourait à nos pieds

Et notre amour ainsi se mêlait à la mort
Au loin près d'un feu chantaient des bohémiennes
Un train passait les yeux ouverts sur l'autre bord
Nous regardions longtemps les villes riveraines

MILLE REGRETS

Un soir rhénan transparent pour ma nostalgie
Dans l'auberge survint deux par deux une noce
Nostalgie cigares pipes courbées en crosses
Ci-gît m'amour mal culotté ô tabagie

Du dicke Du L'amour revient en boumerang
L'amour revient à en vomir le revenant
Ils ont demandé tant de ces bouteilles longues
Comme les longs cyprès d'un grand jardin rhénan

Un phonographe énamouré pour dix pfennigs
Chanta l'amour à quatre voix de chanteurs morts
Des châtrés enrhumés en métal ces ténors
Qui n'ont jamais connu la vie ce féminin

La noce de la ville en face à l'autre rive
Et les cigares à deux gros et blonds *wie du*
La mienne aussi mon vieux était blonde aux yeux doux
Mais pas d'ici Seigneur que votre règne arrive

Mangez les tartines comme du pain bénit
Que la mariée soit soûle comme une grive
Je me souviens Amour que votre règne arrive
On ne respire plus Bonsoir la compagnie

Bonsoir la compagnie J'entends un bruit de rames
Dans la nuit sur le Rhin et le coucou chanter
Puis j'ai jasé d'amour de l'amour regretté
Avec tous les sapins changés en bonnes femmes

PASSION

J'adore un Christ de bois qui pâtit sur la route
Une chèvre attachée à la croix noire broute
A la ronde les bourgs souffrent la passion
Du Christ dont ma latrie aime la fiction
La chèvre a regardé les hameaux qui défaillent
A l'heure où fatigués les hommes qui travaillent
Au verger pâle au bois plaintif ou dans le champ
En rentrant tourneront leurs faces au couchant
Embaumé par les foins d'occidental cinname
Au couchant où sanglant et rond comme mon âme
Le grand soleil païen fait mourir en mourant
Avec les bourgs lointains le Christ indifférent

CRÉPUSCULE

Ruines au bord du vieux Rhin
On s'embrasse bien dans votre ombre
Les mariniers qui voient de loin
Nous envoient des baisers sans nombre

La nuit arrive tout à coup
Comme l'amour dans ces ruines
Du Rhin là-bas sortent le cou
Des niebelungs et des ondines

Ne craignons rien des nains barbus
Qui dans les vignes se lamentent
Parce qu'ils n'ont pas assez bu
Ecoutons les nixes qui chantent

La Vierge à la fleur de haricot
à Cologne

La Vierge au brin fleuri est une Vierge blonde
Et son petit Jésus est blond comme elle l'est
Ses yeux sont bleus et purs comme le ciel ou l'onde
Et l'on conçoit qu'elle ait conçu du Paraclet

Deux Saintes veillant dans les volets du triptyque
Pensent béatement aux martyres passés
Et s'extasient d'ouïr le plain-chant des cantiques
Des petits anges blancs dans le ciel entassés

Les trois dames et l'enfant vivaient à Cologne
Le haricot poussait dans un jardin rhénan
Et le peintre ayant vu de hauts vols de cigognes
Peignit les séraphins qui chantent maintenant

Et c'est la Vierge la plus douce du royaume
Elle vécut au bord du Rhin pieusement
Priant devant son portrait que maître Guillaume
Peignit par piété de chrétien ou d'amant

Plongeon

Pique une tête pour pêcher les perles du fleuve
Dit vert qui est bleu et jaunit qu'il neige ou pleuve
Dans l'eau d'acier ton ombre te précédera
Les vents chantent Jouhé les cors cornent Trara
Tête en bas les yeux ouverts pêche la perle
Chois tout nu jambes ouvertes y grec ou pairle
Et des vapeurs pleins de mouchoirs descendent le Rhin
Sur l'autre rive et en rampant s'enfuit un train

Les bacs

Les bacs du Rhin s'en vont et viennent
Au long de la belle saison
Et les passeurs qui les déchaînent
Dorment dessus dans la maison

Les bacs du Rhin y vont et viennent
Passant la vie et le trépas
Radeaux perdus on ne voit pas
Dans l'eau les chaînes qui les tiennent

Le passeur a dans la maison
Un petit lit qui n'est qu'un coffre
Un saint Christophe à qui l'on offre
Des fleurs dans la belle saison

Un chapelet et des bouteilles
Pleines jusqu'à leur long goulot
De vrai vin clair comme le flot
D'or comme ses boucles d'oreilles

Et lorsque la cloche a sonné
Dans la nuit sur la rive adverse
Sous les étoiles sous l'averse
Le vieux passeur jure en damné

Chaussé de sandales d'étoffe
A pas sourds il va déchaîner
Et laissant la cloche sonner
Invoque le bon saint Christophe

Sur l'autre rive Entrez Jésus
Passez beau gars Venez la belle
Le bac est mieux qu'une nacelle
Pour prier pour aimer dessus

Parfois on a meilleure charge
Landaus charrettes c'est selon
De beaux vapeurs passent en long
Et le bac toujours passe en large

Passeur passe jusqu'au trépas
Les bacs toujours s'en vont et viennent
Et les chaînes qui les retiennent
Dans l'eau claire ne se voient pas

D'ahan les passeurs les déchaînent
Il faut passer il faut passer
Passer et puis recommencer
Les bacs du Rhin y vont et viennent

LE DÔME DE COLOGNE

Ton dernier architecte ô Dôme devint fou
Ça prouve clairement que le bon Dieu se fout
De ceux qui travaillent à sa plus grande gloire
Voilà ce que je sais Dôme de ton histoire
Témoin Hiram c'est sot calcul bâtir pour Dieu

Tu dresses tes deux tours gothiques au milieu
D'une place moderne aux dorures d'enseignes
Pourtant par tes vitraux chaque couchant tu saignes
Jusqu'au Rhin ivre d'or et sous le vent fréquent
Le sang du Christ-soleil et du bon pélican

Mais sois moderne et que tes prêtres déifiques
Tendent entre tes tours des fils télégraphiques
Et tu deviendras luth alors et l'ouragan
Fera gémir aux fils un hymne extravagant

Dôme merveille entre les merveilles du monde
La tour Eiffel et le Palais de Rosemonde
Les cigognes noires et blanches tout l'été
Imitent sur tes tours ton immobilité

Tu recèles la pourriture des rois mages
Tes respirs sont d'encens tes soupirs de nuages
Ô Dôme je ne suis pas le seul à t'aimer

Les anges chaque hiver viennent se déplumer
Sur tes tours et les plumes fondent comme neige
Quand revient Carnaval charnel et sacrilège

Les chevaux des chars hennissent en crescendo
Primo vers tes cent gargouilles et secundo
Vers tes chevaux en bois de Richmodis-Ado

Dans un bénitier plein Kobbes trempe sa trogne
Près d'un cuirassier blanc qui pince sans vergogne
Les fesses d'une demoiselle de Cologne

Des funkes ne tricotant plus car ils sont gris
Des onze mille vierges se croient les maris
Et les bedeaux ont peur de leurs fusils fleuris

Le Bestevater ému confesse aux trois rois mages
Que sa femme a des seins mous comme des fromages
Et qu'une autre Gertrude accepte ses hommages

Marizibill qui chante en doux plat allemand
T'élit pour rendez-vous avec son gros amant
Drikkes imberbe et roux qui rote éperdument

Et la Venetia lasse de ses névroses
Viendra vouer à Dieu demain lundi des roses
Ses linges menstruels tachés d'hématidroses

Ô Dôme ô l'auférant que le ciel a chapé
D'azur fourré d'hermine ô grand cheval houppé
De croix dont les vertus sont celles du pentacle
       Regimbe hennis renacle

Mes durs rêves formels sauront te chevaucher
Mon destin au char d'or sera ton beau cocher
Qui pour brides prendra les cordes de tes cloches
      Sonnant à triples croches

Mais le Dôme est l'église d'un dieu merveilleux
Créé par l'homme car l'homme a créé les dieux
Comme dit Hermès Trismégiste en son Pimandre
Et tourné vers une statue au regard tendre
J'ai dit à la mère de Dieu Toi qui souris
Mets au bord des chemins des rosiers tout fleuris
Et les cueilleurs de roses diront des prières
Quand les routes en mai deviendront des rosaires

JUGEMENTS SUR APOLLINAIRE
ET SUR « ALCOOLS »

APOLLINAIRE PAR LUI-MÊME

Voici quelques phrases, tirées surtout de lettres d'Apollinaire, qui peuvent éclairer certains aspects de sa personnalité ou de son œuvre :

L'homme est solitaire, ne comprend que soi et se demande si le reste existe ou s'il le crée.

Cahier de Stavelot (1899).

Je n'ai jamais désiré de quitter le lieu où je vivais et j'ai toujours désiré que le présent, quel qu'il fût, perdurât. Rien ne détermine plus de mélancolie chez moi que cette fuite du temps. Elle est en désaccord si formel avec le sentiment de mon identité qu'elle est la source même de ma poésie.

J'aime les hommes, non pour ce qui les unit mais pour ce qui les divise et, des cœurs, je veux surtout connaître ce qui les ronge.

Anecdotiques (1911).

La vie d'un poète doit être une succession d'aventures de casse-cou, de coups de dés. Nous changeons de peau tous les sept ans; intellectuellement, on doit faire la même chose.

Propos rapportés par N. Beauduin.

Un des plus jolis décors dans une chambre serait de bien faire tendre, comme papier de tenture, des journaux de toutes sortes.

La vie n'est douloureuse que pour ceux qui se tiennent éloignés de la poésie, par quoi il est vrai que nous sommes à l'image de Dieu. La poésie est (même étymologiquement) la création. La création, expression sereine de l'intelligence hors du temps, est la joie parfaite [...]. C'est ainsi qu'en toute traverse de bonheur ou autres j'ai toujours été heureux, car la vie même est mon bonheur [...]. Non, il ne faut point voir de tristesse dans mon œuvre, mais la vie même, avec une constante et consciente volupté de vivre, de connaître, de voir, de savoir et d'exprimer.

*Lettre à Madeleine
(11 août 1915).*

La meilleure façon d'être classique et pondérée est d'être de son temps, ne sacrifiant rien de ce que les anciens ont pu nous apprendre.

Lettre à sa marraine de guerre.

A propos du volume d'Alcools : vous le classerez dans l'école poétique qui vous plaira, je ne prétends faire partie d'aucune, mais il n'en est aucune également à laquelle je ne me sente un peu attaché.

Lettre du 30 avril 1914.

C'est n'avoir aucune ambition littéraire que de s'adresser à une demi-douzaine de gens de même goût et de même nation. Moi, je n'espère pas plus de sept amateurs de mon œuvre, mais je les souhaite de sexe et de nationalité différents et aussi bien d'états : je voudrais qu'aimassent mes vers un boxeur nègre et américain, une impératrice de Chine, un journaliste boche, un peintre espagnol, une jeune femme de bonne race française, une jeune paysanne italienne et un officier anglais des Indes.

Lettre à sa marraine de guerre
(15 novembre 1915).

Et voici une réponse aux critiques qui reprochaient à Alcools d'être bizarrerie, mystification, et « brocante » :

Ce n'est pas la bizarrerie qui me plaît, c'est la vie, et quand on sait voir autour de soi on voit les choses les plus curieuses et les plus attachantes [...]. Je n'ai jamais fait de farce et ne me suis livré à aucune mystification touchant mon œuvre ou celle des autres [...]. Je crois n'avoir point imité, car chacun de mes poèmes est une commémoration d'un événement de ma vie [...]. Je suis comme ces marins qui, dans les ports, passent leur temps au bord de la mer qui amène tant de choses imprévues, où les spectacles sont toujours neufs et ne lassent point, mais brocanteur me paraît un qualificatif très injuste pour un poète qui a écrit un si petit nombre de pièces dans le long espace de quinze ans.

Lettre à Henri Martineau (1913).

APOLLINAIRE ET LA CRITIQUE

L'opinion d'ensemble de la critique à l'endroit d'Apollinaire a connu une certaine évolution : une faveur croissante aboutissant à de l'enthousiasme au moment de sa mort, puis une période d'oubli relatif au bénéfice d'une actualité à l'audace plus radicale, enfin, depuis une vingtaine d'années, une admiration posée et bientôt studieuse. Toutefois, comme cette évolution est très normale, il a paru préférable de grouper les jugements qui suivent d'après un ordre logique, permettant de mieux éclairer les questions. D'autre part, beaucoup de ces textes parlent d'Apollinaire en général, et, pour en apprécier certains, la connaissance de Calligrammes est aussi nécessaire que celle d'Alcools.

L'homme.

Au milieu d'un grand nombre d'anecdotes et de portraits physiques, retenons ces notations psychologiques :

Picabia *exprime l'impression la plus immédiate :* Tel un enfant il s'amusait de tout sans jamais voir le mauvais côté des choses. *Plus nuancé,* **André Salmon** *précise :* Apollinaire était un joyeux drille et qui pouvait être plus amusant qu'aucun de ceux qui l'entouraient, et à la fois il était beaucoup plus grave qu'aucun d'entre nous. *Mais il ajoute :* Il savoure la vie même quand il pleure. *Plus tard, ne connaissant l'homme qu'à travers l'œuvre,* **Claude Roy** *déclare :* Il prenait la vie au tragique et ne se prenait pas trop au sérieux.

Marie-Jeanne Durry *décèle le ressort profond de l'esprit d'Apollinaire :* Tout se ramène peut-être à son innombrable curiosité : il veut essayer les clefs de toutes les serrures, il fait n'importe quoi pour voir ce qui va se passer. C'est sans cesse comme s'il se disait : on verra bien. Il est un esprit en quête, en aventure, et qui fait confiance à l'aventure et à la quête [...]. Au contraire de Valéry, qui récuse le « nouveau tout cru en tant que nouveau seulement », il ne veut rien laisser passer, il veut qu'aucun possible ne soit rejeté, il veut que tout soit tenté, expérimenté, par curiosité, pour voir.

Philippe Dumaine *rattache cette ardeur à l'esprit d'enfance :* Il a une âme réellement enfantine; il ne retombe pas en enfance comme le cher Francis Jammes; il est demeuré enfant, et même ses incongruités, ses grossièretés sont d'un gosse. De l'enfant, il a le goût de la féerie et aussi de l'aventure, poussée à son terme au grand galop de la plaisanterie, qui ne rit pas, étant faite d'un débordement de vie et non d'une réflexion sur la vie.

André Rouveyre *loue l'équilibre de cette personnalité où se marient une propulsion imaginative illimitée, aérienne comme éperdue et une tranquille maîtrise de soi, souple, recouverte et patiente. Il le montre également moins extraverti qu'on aurait pu le croire :* Il se laissait imprégner par les gens et les choses, mais superficiellement et passagèrement : au fond, il restait plutôt retiré dans son propre repliement; réceptif, ému, très éveillé et très sensible.

André Billy *décrit l'attitude d'Apollinaire devant l'au-delà :* L'au-delà comptait fort peu à ses yeux. Son optimisme naturel l'inclinait à faire aveuglément confiance à la mort comme à la vie. Il avait la curiosité de l'occulte et du mystère, mais il était séduit surtout par leur côté pittoresque et merveilleux [...]. Ni rationaliste ni mystique, sa philosophie se résumait dans une attitude d'entière disponibilité devant la destinée de l'homme et le secret de l'univers; disponibilité qui était essentiellement celle d'un poète, elle ne se sépare ni de l'inspiration ni du chant. Sa méditation était toujours musicale et toujours gratuite. *Et A. Salmon confirme* : Son âme était sainement païenne, jamais il n'eut la notion du péché.

Mais ce qui est le plus frappant dans les témoignages de ceux qui l'ont connu, c'est l'aspect légendaire que prend la figure d'Apollinaire. A. Billy a protesté contre ce mot de « légende », où il voit une accusation de mensonge ou tout au moins de déformation inconsciente de la vérité. Mais si le mot « mythique » peut qualifier un être plus qu'humain, où s'incarne parfaitement une idée, Apollinaire n'apparaît-il pas comme un être mythique dans les phrases qui suivent ?

A. Rouveyre : Où il regardait, naissaient des gemmes. — *Francis Carco* : Depuis sa mort, le monde qu'il animait d'un surprenant rayonnement a perdu son éclat, ses couleurs, sa jeunesse. C'est un morne univers sans âme, sans délire, privé d'Orphée. — *André Breton* : Apollinaire n'avait qu'à se faire entendre pour me transporter dans le monde des merveilles, en ces très mystérieux confins de la légende ou de l'histoire où il avait pied [...], il prêtait un rayonnement extraordinaire au moindre geste que je lui voyais faire, au moindre objet dont il s'entourait. Si tel matin, par exemple, je le trouvais chez lui en train de se raser, toute idée d'importunité était conjurée par ces deux vers revenant chanter à mon oreille :

> Hiver toi qui te fais la barbe
> Il neige et je suis malheureux.

Entre lui et moi, cette petite opération si généralement prosaïque — se raser — trouvait son antidote, son exutoire poétique dans l'ambiance d'un jour de Noël. Ce n'était pas tout à fait à un homme même admiré entre tous que je m'adressais, mais à une puissance intermédiaire, capable de réconcilier le monde de la nécessité naturelle et le monde humain.

Ses rapports avec les autres écrivains.

Claude Roy dégage l'orientation assez rare de la culture d'Apollinaire : Il est l'homme d'une culture bizarre, subtilement hétéroclite, une culture à la mode du temps de Marcel Schwob et de Rémy de Gourmont, le Latin mystique plutôt que Virgile et Tacite, les théologiens hérésiarques plutôt que saint Thomas, la Crète et Mycènes plutôt qu'Homère et Théocrite, les conteurs italiens bizarres de la Renaissance plutôt que Dante, la Kabbale mieux connue que la Bible, et ainsi de suite...

Mais cette culture ne le rend pas prisonnier du passé. Pour Georges Emmanuel Clancier : Apollinaire est le poète qui permet le passage des siècles défunts aux siècles neufs par excellence, de là ses grâces savantes sous leur naïveté et qui se souviennent de Villon et de Nerval, de Laforgue et de Verlaine, et de Racine, de là encore sa « modernité » — au sens baudelairien du mot —, le chant lyrique de son temps, de là enfin sa prophétie.

*Sur la question des influences subies par Apollinaire, **Jean Cocteau** a, semble-t-il, le mot de la fin :* Apollinaire s'est inspiré parfois d'autres poètes, mais le filtre rend l'origine méconnaissable, sauf qu'il lui donne une manière d'écho lointain, cet air de ressemblance (sans ressemblance) d'une famille et d'une race.

Les rapports de la poésie apollinarienne et de la peinture cubiste.

*L'expression « poésie cubiste » a toujours été refusée par Apollinaire; mais **Jeanine Moulin** montre une parenté :* Son originalité authentique est d'avoir adapté au vers les règles de la peinture cubiste, la libération de la logique quotidienne, des encadrements verbaux, de la tyrannie des formes et de l'objet et, par contrecoup, l'exaltation du rôle créateur tout-puissant dévolu à l'artiste, maître désormais absolu de son univers, de ses moyens d'expression, et de ses fins et de son art.

*Tout en affirmant que dans sa meilleure poésie Apollinaire partageait avec Picasso et les meilleurs cubistes l'esprit héroïque et l'inquiétude terrible dont cette peinture est imprégnée, **L. C. Breunig** maintient que* le style cubiste, en dépit de toute la bonne volonté d'Apollinaire, lui resta toujours étranger [...], car il était bien plus un poète de la volupté, des sensations, que de l'intellect. Comment aurait-il pu, lui dionysiaque, lui qui nous demande d'écouter ses chants d'universelle ivrognerie, comment aurait-il pu rester fidèle à un style qui est, de loin, le plus apollonien de notre époque ?

L'inspiration d'Apollinaire.

***A. Rouveyre** montre en lui l'un des plus émouvants élégiaques :* Il sait réunir parfaitement de l'amour les ardeurs, les folies, les tendresses et les ruines. Au moins sut-il mettre en poème une manière de rythme d'angoisse, d'incantation à se consumer et à regretter, où son génie a trouvé son accent le plus étrangement humain, une sorte de chantante détresse du cœur qui, dans l'ordre des émotions, a apporté en poésie cet ébranlement nouveau et indéfinissable qui, à le lire, nous force à une tendresse revenante. Sous cet aspect, je rapproche volontiers son art de celui de Chopin.

***André Rousseaux** souligne l'amour de la vie qui a lesté l'œuvre de vérité charnelle :* Ce goût de capter une vie qui serait essentielle dans ce qu'elle a de plus fugace fait d'Apollinaire non seulement un des poètes les plus gourmands de la vie, mais peut-être celui qui l'a le mieux transfigurée par une magie exercée sur ses seuls éléments naturels. Pas d'évasion dans cette poésie, pas de transfert hors de ce monde vers celui d'une foi ou d'une nostalgie · mais toutes les données qui nous encadrent, réfractées dans des tours de jongleurs [...]. Une fidélité ingénue à la nature des choses fécondait de vérité verbale, de bon sens, voire de naïveté, ce monde recomposé par un funambule. Jamais peut-être un poète n'a mieux été le créateur d'un monde nouveau, à partir de ce qu'il y a dans le nôtre de plus authentique et de plus savoureux.

Tristan Tzara *applaudit chez Apollinaire au triomphe de la vie sur le pessimisme* : Aux défaillances de Baudelaire, à ses efforts désespérés de sortir du cercle magique, hypnotique et troublant de la malédiction, répond, malgré les douces mélancolies des amours interrompus, l'esprit qu'Apollinaire fait renaître à chaque étape du cheminement de l'homme comme une respiration triomphante et le rythme même de l'espérance.

Jean Roudaut *s'efforce d'atteindre au tréfonds de l'être le besoin fondamental qui explique tout à la fois une vie (les nombreuses aventures sentimentales, l'engagement militaire) et une œuvre* : Qu'Apollinaire ait eu, à la fois, le sens de l'usure du temps, celui du poids du passé et le goût de la joie, de la possession et du renouvellement, il n'y a là nulle contradiction. Son espoir en une renaissance se formulait d'autant plus violemment que ses expériences se renouvelaient dans le même abattement. La fête qu'il a tant désirée, il ne l'a trouvée ni dans les villes, la nuit, pauvres caricatures, si brillantes, si charmeuses fussent-elles, du brasier solaire, ni dans la religion chrétienne exsangue; mais il va la trouver dans la guerre.

Cette île au loin qui se révèle, lieu magique, espace sacré où le temps va se retourner, où tous les principes vont s'inverser, vaste fête de l'univers ivre, cette île au loin, ma Désirade, n'est plus seulement l'image d'une femme qui eût pu, dans un amour passager, abolir le passé et constituer dans la vie du poète une origine absolue, elle est, bien plus, ce qu'Apollinaire a recherché anxieusement dans l'amour, les villes, la nuit, les îles au loin, dans le feu auquel il convient de tout donner : le lieu où éclaterait la fanfare universelle de la Fête originelle.

La réalisation artistique.

Marcel Raymond *montre de quoi sont faits les poèmes élégiaques d'Apollinaire* : C'est ici qu'opère le charme magique d'Apollinaire. Deux mots lui suffisent, les plus simples, pour créer une atmosphère : le quotidien, le banal, le thème usé se transfigurent; le mystère, qui résidait en eux à notre insu, revit; les voici s'éloignant, s'isolant dans le silence. Et cependant leur pathétique, au lieu de se dissiper, se concentre, se fait plus humain; aucune phrase n'est si faible qu'elle ne semble dite pour l'éternité.

M.-J. Durry *pénètre l'originalité de la création apollinarienne* : Dans la transposition des images visuelles en images affectives, dans la transformation du réel en allusion, de l'allusion au monde extérieur en allusion à la vie cachée, je sens un des secrets non plus de l'existence mais de la poésie d'Apollinaire. Plus précisément un double secret de son art de conteur en poésie. L'un : prendre pour sujet l'anecdote, avec ses détails colorés, nets, presque tangibles, et la volatiliser. L'autre : raconter sans donner le mot du conte.

Michel Décaudin met en valeur *la nouveauté dans l'utilisation de l'image :* Depuis Baudelaire, la poésie s'était sans doute affranchie de la tradition, de la comparaison homérique, de l'image ou de la métaphore filées, fondée sur des identités ou des rapprochements explicables. Elle avait pu devenir obscure, irrationnelle, rechercher des correspondances qui entrouvrent cette forêt de symboles qu'est le monde, n'avoir pour seule loi que la musique intérieure, la subjectivité de l'artiste. Mais si l'on excepte quelques audaces de Rimbaud, certains dévergondages cosmologiques de Laforgue et l'œuvre unique de Jarry, l'unité de ton était sauve-gardée et présidait à l'organisation des images [...]. Chez Apolli-naire, non seulement les images semblent souvent avoir acquis une autonomie telle que rien, pas même le lien le plus ténu, ne semble les rapprocher, mais elles s'assemblent dans une liberté qui paraît ne connaître aucun frein et se plaire parfois dans les pires dispa-rates.

En même temps qu'image, *dit* **Gaétan Picon,** la poésie d'Apol-linaire est mouvement, rythme, passage de la parole [...]. L'image la plus isolée et la plus proche de l'objet est toujours un cri, le moment d'une voix ; et l'arythmie elle-même de cette prosodie débridée, saccadée, impose la présence d'un parlant. Ici le geste poétique initial, c'est le mouvement sans frein du langage [...]. Tout ce qui peut être dit doit être dit ; tout est parole, et toute parole, poésie. Essentielle est ici l'indistinction entre monde de la prose et monde de la poésie, parole lyrique et parole ordinaire.

La valeur poétique d'Apollinaire.

Voici d'abord deux jugements pour le moins réservés :

Daniel Mornet : G. Apollinaire a publié des poèmes et des proses étranges où il est difficile de ne pas voir parfois des jeux ou même des mystifications, mais qui trahissent souvent un talent ingénieux *(1927).*

Henri Clouard : Le poète est excellent quand il reste simple et sincère [...] ou quand sa peine prend la tangente de la fantaisie [...]. Ce qui diminue, hélas! Apollinaire c'est [...] son acharnement à étendre les ailes d'une imagination qui manquait de puissance imagi-native par une méthode arbitraire où se satisfait du même coup sa prévention moderniste, et qui lui assura d'ailleurs sa prompte célé-brité. *Et le critique regrette* un certain raffinement de mauvais goût et cette culture de l'obscurité qui met un veto de lecture sur trop de poèmes, cela dès *Alcools,* la volonté perverse s'y fait jour.

C. Roy, *par contre, souligne la réussite d'Apollinaire :* Il est le premier poète en effet qui ait réussi cet équilibre difficile, qui, du disparate le plus voulu, ait su créer la plus juste musique. Apollinaire réalise presque constamment ce miracle d'accommoder dans ses poèmes toutes les surprises possibles du langage, les revirements les plus brusques de l'émotion ou de l'image, sans jamais rompre le fragile courant du plaisir poétique.

M. Décaudin *dit à la fois l'originalité et la grandeur d'*Alcools : A une époque où la poésie est souvent prisonnière des systèmes et des théories, Apollinaire a su être simplement poète. Simplement, mais totalement : ne refusant rien de ce que lui apporte le monde, unissant dans un même embrassement spectacle de la vie, expérience personnelle et culture, accueillant toutes les formes de l'expression poétique, sensible à tous les appels esthétiques de son temps, sauvegardant par un accent inimitable la pureté de son inspiration au cœur des sollicitations multiples.

Influence d'Apollinaire.

Apollinaire est-il un initiateur du surréalisme ? *se demande* **Jeanine Moulin** *qui répond :* Il l'est sans doute dans la mesure où son expérience rejoint celle de Rimbaud, dont les surréalistes se sont, en partie, inspirés ; il l'est encore par sa volonté de ruiner le préjugé d'un langage poétique choisi, par sa préoccupation de surprendre et même de heurter. Comme les disciples de Breton, plus tard, il a recours à l'absurde, à la grossièreté ou à l'humour, tous moyens dont Rimbaud et Jarry ont du reste usé et abusé avant lui. « L'esprit nouveau », dit Apollinaire, « est tout dans la surprise ». Mais, malgré ces ressemblances, les surréalistes diffèrent profondément de l'auteur d'*Alcools*. La poésie est avant tout pour eux un moyen de mesurer les possibilités les plus secrètes du moi. Aussi écrivent-ils exclusivement sous la dictée de l'inconscient, refusant même de remanier leur texte.

En révélant l'homme à lui-même, le surréaliste poursuit un but précis : lui montrer l'étroitesse des barrières morales et sociales qui l'emprisonnent de toutes parts et le pousser, par le fait même, à les renverser. Ainsi s'explique l'adhésion du mouvement à des groupements politiques antibourgeois, communisants ou anarchisants. Dans ces conditions, la poésie n'est plus qu'une des manifestations de l'esprit révolutionnaire, et l'écriture artiste n'y joue alors qu'un rôle accessoire. Pour Apollinaire, par contre, l'acte poétique demeure indépendant de toute autre activité. Le destin social ou spirituel de l'homme le préoccupe peu. Il ne cherche pas non plus à déceler les murmures de l'inconscient [...]. S'il capte, par moments, les lueurs du songe ou de l'hallucination, c'est pour projeter sur les choses et leur imprimer un aspect neuf [...]. Le surréaliste veut recréer l'homme, Apollinaire veut recréer l'univers.

Celui-ci ne peut s'édifier par la seule annotation de nos sensations, mais par l'intermédiaire d'une recherche formelle [...]. Le surréaliste recherche la vérité dans la conscience, Apollinaire dans l'art. Et seul le génie de Rimbaud pouvait résoudre en même temps les problèmes posés par la connaissance de soi et de l'esthétique.

Apollinaire exerce-t-il une influence sur les jeunes poètes ? *demande en 1955 une enquête du* Flâneur des deux rives. **Philippe Dumaine** *répond :* Apollinaire a donné, il me semble, le ton juste de la poésie moderne qui est métamorphose du réel, la gardant contre ces deux tentations opposées : le réalisme et le mysticisme. *Et* **Charles Le Quintrec** *déclare :* Grâce à lui, je sais que la poésie est une affaire de foi, un combat à reprendre sans cesse, une façon de vivre et d'appréhender le monde avec la même violence qu'il faut aux âmes pour prendre le ciel de force.

Enfin, **T. Tzara** *célèbre l'apport définitif de cette œuvre à l'humanité :* On peut dire que le grand poète que fut Apollinaire a mis fin à l'ère des « poètes maudits ». Avec lui commence celle de la « poésie conquérante ». Tout est conquête dans ce vaste domaine où la poésie est constante invention, comme désormais il ne s'agira plus de vivre sa vie, mais de l'inventer à chaque instant. L'Esprit nouveau n'a-t-il pas inséré la poésie dans toutes les activités humaines; de même l'industrie, la publicité, la marche des peuples et l'évolution de la vie sont-elles inséparables de cette poésie qui est un climat social, une manière de pensée, le langage des faits et l'accent des événements ? C'est de haute lutte qu'Apollinaire avait conquis le droit de régner sur son époque poétique, et les *Alcools* qu'il proposait à la consommation des foules avaient le don de projeter sur l'écran de l'avenir les aspirations secrètes des hommes vers une vie rayonnante, tandis que leur amour, amour réel fait de chair et de sensations, devait trouver la plénitude dans l'immense frémissement d'un spectacle toujours renouvelé. La croyance d'Apollinaire en la science et son pouvoir de changer la face du monde est proclamée sur un ton prophétique et optimiste qui tire sa source d'un passé tendre et douloureux. Elle est aussi, de ce fait, un antidote à ces temps révolus.

SUJETS DE DEVOIRS ET D'EXPOSÉS

NARRATIONS

● Une réunion d'Apollinaire et de ses compagnons dans un café de Montparnasse ou de Montmartre.

● La visite d'un ami à l'appartement d'Apollinaire, 202, boulevard Saint-Germain (janvier 1913).

● Dans une promenade dans le Paris d'aujourd'hui, vous percevez la « poésie des affiches » proclamée par Apollinaire et vous essayez de la faire ressentir au lecteur.

EXPOSÉS

● Apollinaire et l'automne.

● Comparez Apollinaire et Verlaine, poètes de la tristesse sentimentale.

● Comparez Apollinaire et Nerval, explorateurs de l'inconnu.

● Paris dans la vie et l'œuvre d'Apollinaire.

● Le thème de l'errance dans l'œuvre d'Apollinaire.

● La poésie d'Apollinaire et la peinture de son temps.

● La grâce de la poésie apollinarienne.

DÉBATS

● Légitimité et intérêt de la suppression de la ponctuation.

● Valeur et danger de la recherche délibérée de la surprise.

● Lorsque Apollinaire vient d'écrire un poème « de fin d'amour », la douleur du poète est-elle, selon vous, augmentée par l'expression même, soulagée par la confidence, rejetée au second plan par la joie de la création artistique ?

DISSERTATIONS

● En quoi le recueil d'*Alcools* est-il fidèle à la devise d'Apollinaire : « J'émerveille » ?

● Commentez cette affirmation d'André Berge (*l'Esprit de la littérature moderne*, 1930) : « Il y a chez Apollinaire cette tentative désespérée, passionnée de jeter toute la vie en pâture à la poésie. »

● Tentez de définir la profondeur d'Apollinaire en vous inspirant, si vous le désirez, de cette phrase de Maurice Nadeau :

« Ce poète, qui n'était que modérément mystique, qui sacrifia rarement au cosmique, qui n'éprouvait pas la tentation de mettre en question, à chaque minute, la vie, la mort et l'éternité, atteint par l'effet d'une grâce naturelle les régions les plus secrètes de l'existence et du sentiment. »

● Montrez la pénétration de Jean Royère écrivant dès 1909 : « La muse d'Apollinaire, c'est la tendresse. Mais là où, renouvelée et parée de la naïveté qui est sa richesse et sa gloire, elle risquerait de sembler un peu simplette, le poète se sauve par l'esprit. Son esprit est de poésie, c'est-à-dire d'émotion, il reflète l'émotion *étrange*, qui est comme le subconscient de la sensibilité. »

● Posez-vous à votre tour la question que soulève Marcel Raymond à propos des seuls poèmes modernistes : « Il se peut qu'Apollinaire, assoiffé de dépaysement, ait souffert d'une certaine indigence d'imagination. Visiblement, un petit nombre de thèmes le sollicite, et il revient volontiers aux mêmes images. Or, sa poétique de l'arbitraire et de la surprise [...] nécessite [...] la présence d'une imagination foisonnante [...]. Il est difficile de dire en fin de compte si Apollinaire eût pu être ce grand poète auquel il fait songer, ou si ses poèmes, au contraire, avec leur charme équivoque et suggestif, nous donnent de lui une idée avantageuse. » (*De Baudelaire au surréalisme,* pages 237-238).

● « En dépit du débraillé où il se présente souvent, écrit Pascal Pia, l'art apollinarien est un art concerté. Tant s'en faut que les miracles d'Apollinaire soient ingénus comme le croyait Gide; ce sont bien plutôt les miracles délibérés d'un magicien rompu à la confection des philtres, ou d'un barman qui connaît les ressources de ses étagères. » A qui donnez-vous raison, à André Gide ou à Pascal Pia ?

● Apollinaire n'a-t-il pas défini sa poésie personnelle, autant que celle de Paul Fort, quand il a écrit : « On a pu dire des parnassiens qu'ils étaient poètes quand ils le voulaient. Mais Paul Fort ne cesse jamais de vouloir être poète; son art est comme un miroir où sa vie se mire toujours. La poésie est le but vers lequel tendent toutes ses facultés, tous ses mouvements. L'inspiration n'est pas ici un phénomène isolé se produisant dans certaines conditions; Paul Fort est constamment inspiré, et, rien dans sa vie ne pouvant s'évanouir sans que son art apparaisse, on est fondé à dire que les choses se passent exactement comme si de la vie s'était transformée en art. Et cet art, si différent de la vie dont il provient, c'était celui de Villon, de La Fontaine, de Gérard de Nerval et de Verlaine. »

● Justifiez ces métaphores musicales de Gaston Palewski parlant de la poésie d'Apollinaire : « Cette voix claire, un peu faible, cet air de flûte lancinant à peine, qui s'élève après que se sont tus les violons de Verlaine et les orgues de Baudelaire. »

● Partagez-vous l'opinion de Pierre de Boisdeffre (1955) : « Il sera toujours plus proche de Villon et de la Pléiade que de Tzara ou même de Jarry. »

● « Si pour Mallarmé l'univers devait aboutir à un livre, il devait, pour Apollinaire, aboutir à une aventure. » Expliquez l'opposition établie par Jean Cassou.

● Pensez-vous avec A. Billy qu' « Apollinaire était un baroque »? (Préface de l'édition de La Pléiade, pages 42 et 43.)

● Commentez cette affirmation d'Apollinaire (*les Peintres cubistes*, chapitre V) : « Les grands poètes et les grands artistes ont pour fonction sociale de renouveler sans cesse l'apparence que revêt la nature aux yeux des hommes. »

● Que pensez-vous de l'opposition entre deux familles d'esprit établie par Tzara : « Villon a imprimé un mouvement décisif, en opposant au romantisme naturiste de ses prédécesseurs comme Charles d'Orléans — il n'a jamais évoqué la nature ni l'amour idéalisé — la substance de sa propre vie, les rapports avec ses contemporains, la vie de tous les jours et le réalisme du langage oral et des circonstances temporelles. C'est à ce trait caractéristique et antiromantique de Villon, dont la lignée se poursuit à travers du Bellay et Verlaine, que l'on doit rattacher l'intérêt passionné d'Apollinaire à l'égard des poètes ayant cultivé le langage parlé et individualisé, gestuel et expressif, à l'encontre de celui, basé sur les généralités représentatives prises comme symboles, qui, pour Hugo comme pour Mallarmé, quoique à des pôles différents, sert de fondement à l'élaboration de l'image. »

● Sans vous croire obligé de demander vos exemples à Valéry et à Apollinaire, vous examinerez la distinction établie par André Rouveyre entre deux formes d'intelligence, et vous discuterez éventuellement le jugement de valeur qu'il formule : « Valéry n'a pas possédé cette intelligence souveraine qui connaît son principal objet dans la préservation en soi de ce flux inspiré instinctif et primaire, ouvert en chacun de nous et d'une manière intime par les battements du cœur et ses variations de rythme. La nouveauté, l'originalité et l'essence de toute révélation (et notamment en poésie) ne peuvent jamais venir que de là [...]. La plus haute mesure d'une intelligence est surtout de ne pas croire en soi comme en une fin [...]. Apollinaire a connu et préservé cette source de jouvence de la pensée. »

TABLE DES MATIÈRES

Imprimerie Hérissey. – 27000 - Évreux.
Dépôt légal : Novembre 1971. – N° 41737. – N° de série Éditeur : 13910.
Imprimé en France (*Printed in France*). – 870 002 F-Janvier 1987.